MÉTHODE

DE

PLAIN-CHANT.

MÉTHODE

COMPLÈTE ET RAISONNÉE

DU

CHANT ECCLÉSIASTIQUE,

OFFERTE AUX JEUNES SÉMINARISTES;

OUVRAGE TRÈS-UTILE AUX CHANTRES ET AUX CLERCS DES VILLES ET DES CAMPAGNES.

ON Y A JOINT UN SUPPLÉMENT EN FAVEUR DE CEUX QUI SUIVENT LE RIT PARISIEN, ET UNE ADDITION POUR LES SERPENTISTES.

Psallite sapienter. PS. XLVI.

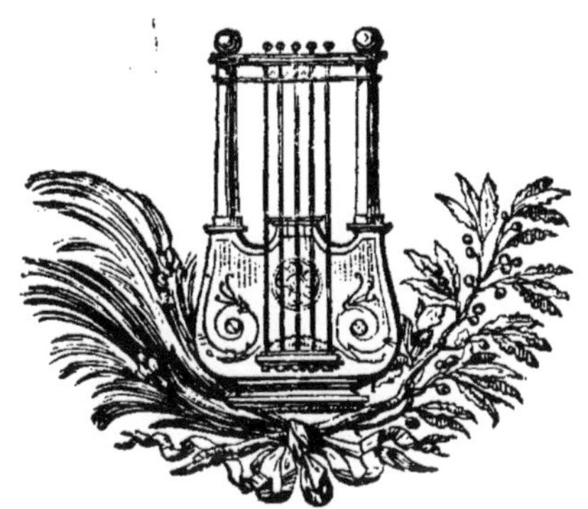

A Lille,

CHEZ LEFORT, IMPRIMEUR-LIBRAIRE.

1853.

MÉTHODE

COMPLÈTE ET RAISONNÉE

DU CHANT ECCLÉSIASTIQUE.

PREMIÈRE PARTIE.

THÉORIE.

CHAPITRE PREMIER.

NOTIONS PRÉLIMINAIRES.

ARTICLE PREMIER.

Des Notes, des Lignes et des Clefs.

Le chant est une inflexion ou modulation de la voix, qui fait entendre successivement des sons relativement graves et aigus.

Quelque étendue que puisse être la voix humaine, il est prouvé et reconnu que sa modulation naturelle se compose de la simple série de sept tons. Lorsque la voix s'élève au-dessus de ces sept tons, ou qu'elle s'abaisse au-dessous, elle ne fait que recommencer la même série de tons.

On appelle *notes* les sept tons de la voix, à cause d'un caractère (*note*) particulier dont on est convenu de se servir pour les représenter aux yeux.

On désigne ces *tons* ou *notes* par les sept monosyllabes suivans :

Ut, ré, mi, fa, sol, la, si (1).

(1) Dans les écoles de musique modernes on a remplacé *ut* par *do*, qui est plus favorable à la vocalisation, et rend le ton plus plein et plus sonore que *ut*. C'est par une raison contraire que dans le plain-chant on remplace *si* par *za* lorsqu'il est précédé d'un bémol.

Ces sept notes placées l'une après l'autre forment ce que l'on nomme la *gamme*.

Lorsque la voix fait entendre ces sept notes l'une après l'autre, elle s'élève d'une note à la suivante d'une certaine quantité. Cette quantité d'élévation est égale entre *ut* et *ré*,—*ré* et *mi*,—*fa* et *sol*,—*sol* et *la*,—*la* et *si*. Mais lorsque la voix, arrivée au *mi*, veut passer au *fa*, elle n'élève le *fa* au-dessus du *mi* que de la moitié de la quantité. La même chose a lieu lorsque après le *si*, qui est la septième note de la *gamme*, on veut monter à une nouvelle série de notes en recommençant par *ut*. Alors ce second *ut* n'est élevé au-dessus du *si* que de la moitié de la quantité. Cette moitié de la quantité d'élévation s'appelle *demi-ton*. La quantité entière s'appelle *ton entier*, ou simplement *ton*. Voilà ce que l'on veut exprimer quand on dit que du *mi* au *fa* et du *si* à l'*ut* il n'y a qu'un *demi-ton*, tandis qu'entre toutes les autres notes il y a un *ton entier* (1).

Maintenant, pour représenter également aux yeux l'élévation respective de ces sept *tons* ou *notes*, on est convenu de former une espèce d'échelle composée de quatre (2) lignes horizontales placées les unes au-dessus des autres. L'assemblage de ces quatre lignes se nomme *portée*.

Une portée.

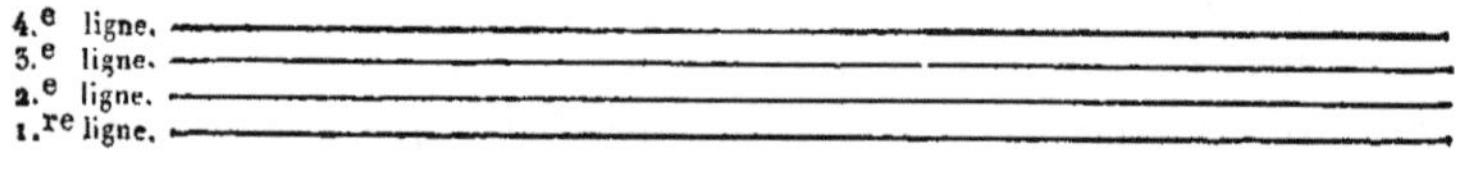

4.e ligne. ————————————
3.e ligne. ————————————
2.e ligne. ————————————
1.re ligne. ————————————

Si la voix parcourt une suite de tons plus étendue que ne le comporte la portée, il vaut infiniment mieux

(1) Lorsqu'un bémol vient à baisser le *si* de la moitié de sa quantité, ce *si* se trouve un *ton entier* au dessous de l'*ut*, et par conséquent ce *si* n'est plus élevé que d'un *demi-ton* au dessus du *la*. La même chose aurait lieu du *mi* au *fa* si un bémol se trouvait devant le *mi*.

(2) On emploie cinq lignes dans la musique et dans quelques anciens livres. Ces lignes se comptent de bas en haut.

y ajouter une ligne au-dessus ou au-dessous en cette manière :

que de changer de clef à chaque instant, comme on le trouve dans la plupart des livres de chant.

Les degrés d'élévation et d'abaissement se comptent entre les lignes comme sur les lignes. Ainsi, en commençant au bas de la portée, le premier degré se trouve sous la première ligne, le deuxième degré sur la première ligne, le troisième degré entre la première et la seconde lignes, le quatrième, sur la seconde ligne, et ainsi de suite.

Exemple.

7.e degré.
6.e degré.
5.e degré.
4.e degré.
3.e degré.
2.e degré.
1.er degré.

Si, en passant de l'une à l'autre de ces sept notes, la voix élevait toujours chaque note d'un *ton entier* au dessus de la note précédente, et que le *demi-ton* du *mi* au *fa* et du *si* à l'*ut* n'existât point dans la gamme naturelle, il deviendrait inutile, et même impossible, d'établir aucune série de notes. Dès-lors il ne faudrait plus qu'une seule note, un seul monosyllabe, *la,* par exemple, que l'on répèterait constamment, en passant par tous les degrés possibles. Il ne s'agirait plus que de compter le nombre des degrés d'élévation ou d'abaissement pour donner à cette note *la* son ton convenable, plus ou moins grave ou aigu, selon le degré qu'elle occuperait sur l'échelle. Cette série de sept notes et de sept dénominations différentes est donc fondée sur le retour périodique des deux demi-tons du *mi* au *fa* et du *si* à l'*ut.*

D'un autre côté la voix, en modulant, ne commence pas nécessairement cette série de notes à *ut* pour s'élever par degrés jusqu'à *si;* mais elle se plaît bien souvent à la commencer, par exemple, au *sol,* en continuant jusqu'à *si,* où elle recommence une nouvelle série par *ut,* en continuant de s'élever jusqu'à un deuxième *sol.* Alors, comme on le voit, pour que toutes ces notes puissent se trouver sur les degrés ordinaires de l'échelle, on est obligé de placer le premier *sol* au premier degré, sous la portée, où dans le premier cas on devrait poser l'*ut.* Mais pour lors les *demi-tons* ne se trouveraient plus sur les mêmes degrés de la portée. C'est ce qui a obligé de recourir à un nouveau signe, pour indiquer au chantre le caractère de la modulation.

Le signe que l'on emploie à cet effet s'appelle *clef,* parce qu'il donne l'ouverture pour la connaissance du nom des notes.

Il y a dans le plain-chant deux différentes clefs, la clef d'*ut* et la clef de *fa* (1). La clef d'*ut* se peut poser sur les quatre lignes, on la trouve rarement sur la première. La clef de *fa* se pose sur la quatrième et la troisième lignes : on la trouve quelquefois sur la deuxième; mais alors elle fait le même effet que la clef d'*ut* sur la quatrième ligne. Voici la figure de ces deux clefs avec leurs différentes positions :

Chacune de ces clefs donne son nom à toutes les notes qui se rencontrent sur la ligne qui la porte. Ainsi, lorsque je trouve la clef de *fa* sur la troisième ligne d'une portée, toutes les notes qui sont placées sur cette ligne étant des *fa,* il sera très-aisé de connaître le nom des notes qui sont au-dessus ou au-dessous de cette ligne.

(1) Dans la musique il y a une troisième clef, celle de *sol.* Il est bon que le chantre en connaisse quelque chose. Le serpentiste surtout doit se familiariser avec cette clef : il en a souvent besoin dans les transpositions que nécessite la *réduction* de la dominante. C'est pour cette raison que nous donnerons un exercice avec cette clef de *sol.*

Il suffit pour cela de se rappeler l'ordre des notes, *ut, ré, mi, fa, sol, la, si,* en montant; et *si, la, sol, fa, mi, ré, ut,* en descendant. D'après cet ordre, puisque la note que porte la ligne de la clef est *fa,* en montant au-dessus de cette ligne, je nommerai *sol* toutes les notes qui se trouvent entre cette troisième ligne et la quatrième. Je nommerai *la* toutes celles qui se trouvent sur la quatrième ligne, et *si* celles qui sont au-dessus de cette quatrième ligne.

En descendant, et au-dessous de cette troisième ligne, que nous supposons porter la clef de *fa,* je nommerai *mi* toutes les notes qui sont entre cette troisième ligne et la seconde; *ré* celles que porte la deuxième ligne; et ainsi de suite, jusqu'au-dessous de la portée, où je dirai *la.*

On procède de la même manière avec les deux clefs dans toutes leurs positions.

ARTICLE II.

Du Bémol, du Za, du Dièse et du Bécarre.

Le *bémol* ♭ est un caractère qui ressemble assez à un petit *b.* Lorsqu'il se trouve placé devant une note, il indique que cette même note ne doit s'élever au dessus de sa précédente que de la moitié de sa quantité. En terme de l'art on dit que la note affectée d'un *bémol* doit être baissée d'un *demi-ton.*

Le *bémol* est *continuel* ou *accidentel.*

Il est *continuel* lorsqu'il est placé immédiatement après la clef, à toutes les portées d'un morceau de chant; et en ce cas toutes les notes qui se trouvent sur le même degré que lui doivent être baissées d'un *demi-ton,* à moins qu'un *bécarre* ne vienne passagèrement détruire l'effet de ce *bémol.*

Le bémol est *accidentel* lorsqu'il ne se rencontre que dans le courant d'un morceau, et alors il n'affecte absolument que la seule note devant laquelle il se trouve placé.

Le bémol, dans le plain-chant, ne se place *en général* que devant le *si.* Et alors, en chantant les notes, on remplace le monosyllabe *si* par *za*. La raison en est que, le son de *za* étant moins aigu que le son de *si*, on en a plus d'aisance pour baisser le *si* d'un demi-ton.

Je dis qu'*en général* le bémol ne se trouve que devant le *si*, pour excepter quelques cas très-rares où il se trouve devant le *mi*, comme dans *Ave, Regina*, et *Hæc dies*, écrit avec sa finale naturelle *fa*.

Il se rencontre plus souvent devant le *mi* dans d'anciennes éditions et dans le chant parisien. Mais alors les tons sont *transposés* pour la plupart; et, comme la transposition est un abus (1), ces *bémols* n'existent point en réalité.

Le *bémol* ne se trouve pas toujours exactement placé devant le *si*, quoique cependant la nature de la modulation exige que l'on baisse ce *si* d'un *demi-ton;* c'est à l'oreille à décider ceci, particulièrement dans les 3.e et 8.e tons. C'est à un maître habile à en faire la remarque à ses élèves. Voici les cas les plus ordinaires.

On baisse le *si* d'un demi-ton (et en chantant la note on peut dire *za*), 1.° lorsque le *si* se trouve entre deux *la*, pourvu qu'il ne conduise pas aussitôt en *ut;* 2.° lorsqu'il est immédiatement précédé d'un *fa*, pourvu qu'on demeure dans le même ton, ou que l'on retombe; 3.° lorsque après un *la* ou un *sol*, il retombe dans le *fa;* 4.° enfin lorsque ce *si* tombe en *sol*, et que ce *sol* est suivi d'un *la* qui retombe en *fa*.

Le *dièse* ✕ est une autre figure qui produit l'effet contraire du bémol.

Jusqu'à présent le *dièse* ne se trouve guère marqué dans le chant romain. On ferait bien cependant de s'en servir, d'autant plus qu'il s'y trouve des endroits où une oreille juste demande absolument qu'on le fasse en chantant, et où la plupart des chantres le font sans

---

(1) Pour comprendre ceci, voyez la note relative aux tons transposés, chapitre I.er de la seconde partie.

s'en apercevoir. Tels sont les passages suivans et autres de même nature.

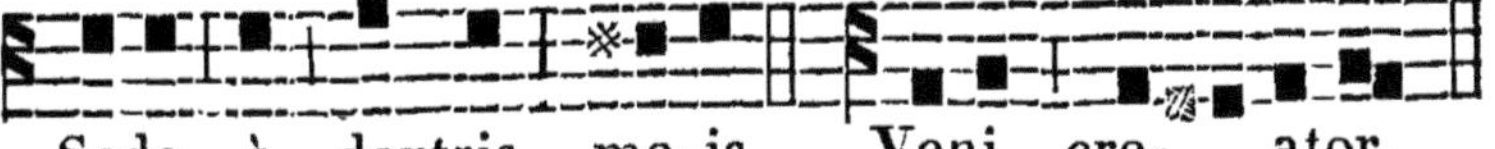

Si le *dièse* s'y trouvait écrit, la conformité serait établie dans les voix.

Dans les tons transposés et dans le chant parisien on trouve des *dièses* au *fa*, au *sol*, à l'*ut*, etc. Tout cela disparaîtra si l'on comprend l'abus des transpositions (1).

J'en reviens donc à mon *dièse*, et je dis qu'il produit l'effet contraire du *bémol*; c'est-à-dire, lorsqu'un *dièse* se trouve devant une note, il indique que cette note doit être haussée d'un demi-ton.

Pour détruire et rendre nul l'effet du *bémol* et du *dièse*, on se sert d'une troisième figure que voici, ♮, et que l'on nomme *bécarre*. Lorsque l'on trouve ce signe devant une note qui auparavant était affectée d'un *bémol* ou d'un *dièse*, il indique que cette note doit être chantée dans son ton naturel, c'est-à-dire dans le ton qu'on lui donnerait s'il n'y avait point de *bémol* ou de *dièse*.

ARTICLE III.

Des Notes et autres signes employés dans le plain-chant.

On se sert dans le plain-chant, 1.° de trois sortes de notes: la note *carrée*, la *note à queue*, et la *brève*; 2.° des grande, petite et double *barres*; 3.° du *guidon*. Voici tous ces signes ou figures renfermés dans une même portée.

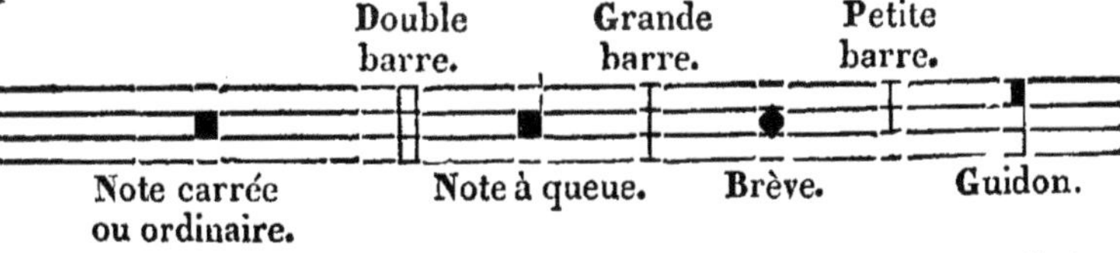

La note *carrée* est la note ordinaire du plain-

(1) Voyez encore la note indiquée dans celle de la page précédente.

chant, et qu'on doit toujours employer, le seul cas excepté où une syllabe longue suivie d'une syllabe brève (1) exige une *note à queue* suivie d'une note brève.

La *note à queue* ne doit jamais se placer que sur une syllabe longue qui précède immédiatement une syllabe brève, pour indiquer que cette syllabe longue doit prendre sur la brève qui suit ce que celle-ci doit perdre de durée dans la déclamation. Par malheur cette règle est négligée dans un assez grand nombre d'éditions de livres de chant romain, et dès-lors cette queue qui se rencontre presque sur la moitié des syllabes ne signifie plus rien.

Quelques éditeurs ont affecté de placer une note à queue sur toutes les avant-dernières syllabes longues selon la prosodie, telles que :

Ubique. Sancti- fice-tur.

Ils en placent de même à la fin de chaque phrase de chant pour figurer la tenue. Quand on aura bien compris ce que nous dirons de la *mesure* du plain-chant, on conviendra sans peine que les notes à queue ainsi prodiguées n'offrent qu'un coup d'œil désagréable, et sont au moins une inutilité.

Dans la plupart des éditions, deux notes qui laissent entre elles un intervalle s'écrivent de cette façon :

Cette trace ne tient pas lieu d'une queue; elle sert de guide à l'œil, qui pourrait quelquefois passer cette note sans l'apercevoir, surtout s'il est peu expérimenté. Cette trace ne doit donc rien ajouter à la durée de l'une ou de l'autre des deux notes entre lesquelles elle se trouve.

La *note brève* ne doit se placer que sur une syllabe

(1) Voyez ci-après, chapitre III, article II, ce qu'il faut entendre par une syllabe longue ou brève dans le chant.

brève précédée d'une syllabe longue sur laquelle se trouve une *note à queue*. Pour lors il faut donner à cette brève moins de durée qu'à la *note carrée* ou ordinaire.

Quelques éditeurs anciens se sont avisés de se servir d'une espèce de rhomboïdes pour figurer la liaison du chant dans les tirades descendantes. Ceux qui les ont copiés, séduits probablement par la mauvaise habitude de quelques chantres, ont cru que ces rhomboïdes étaient de véritables brèves, qu'il fallait glisser plus vite dans le chant : en conséquence ils les ont remplacés par de petites brèves dans quelques éditions modernes. En voici des exemples :

Laudibus. Glo-ri- am.

C'est un abus et une erreur. On doit, dans les nouvelles éditions, remplacer tous ces rhomboïdes et les *brèves* qui les ont suivis par autant de notes carrées ordinaires, et en chantant sur les anciens livres, donner à chacun de ces rhomboïdes autant de durée qu'à la note ordinaire ou *carrée*.

On appelle *barre* une ligne perpendiculaire qui traverse la portée en tout ou en partie.

La *petite barre* se place régulièrement entre chaque mot. On devrait encore la placer aux endroits des tirades où il est à propos de prendre sa respiration. Cette *petite barre* n'embrasse que trois lignes de la portée.

La *grande barre* se place utilement à la fin de chaque phrase ou de chaque membre de phrase, pour indiquer la respiration ou les repos, particulièrement dans les hymnes et les psaumes.

On se sert de la *double barre*, 1.° à la fin de chaque morceau de chant; 2.° pour séparer les phrases de chant dans les pièces qui s'exécutent par différentes personnes, ou en deux chœurs, comme *Kyrie, Gloria, Credo,* etc.; 3.° pour séparer un *Graduel*, un *Alleluia*, un *Répons*, de leur verset; 4.° après l'intonation d'une *Antienne*, d'une *Hymne*, etc.; à l'endroit où elle doit être reprise par le chœur ou par l'orgue.

Le *guidon* est une demi-note qui ne se chante point, mais que l'on place soit à la fin, soit dans le courant d'une portée si la clef change, pour indiquer sur quel degré se trouve la première note suivante.

Exemples.

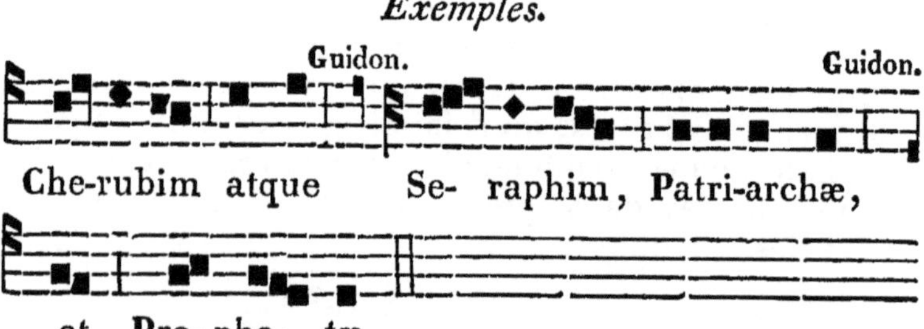

Dans les anciens livres de chant on rencontre très-souvent deux espèces de *doubles notes* qu'il est bon de connaître. La première est un rhomboïde plus ou moins alongé. Il ne remplace pas autant de notes qu'il occupe de degrés, mais simplement deux, la plus haute et la plus basse. Cette note a été bannie avec raison de toutes les éditions récentes. Sa pointe supérieure et inférieure laisse presque toujours l'œil du chantre dans le doute sur la véritable position des deux notes qu'elle remplace.

La deuxième est composée de deux notes séparées, mais placées sur le même degré sur une même syllabe, et dans une même tirade. Cette *double note,* dans les anciens livres, indique toutes les tenues, les respirations. Dans les éditions plus récentes on ne l'a plus conservée que dans quelques tirades, pour indiquer la respiration. Partout ailleurs elle est rejetée. On peut la répudier absolument partout où elle se trouve. Celui qui voudrait la conserver devrait nécessairement y placer une respiration entre deux notes. Celui qui chante sur de vieux livres doit la considérer comme nulle, à moins que la longueur d'une tirade ne lui permette d'y placer une respiration, auquel cas il peut la laisser. Voici un exemple qui renferme ces deux *doubles notes* avec l'effet qu'elles doivent produire.

Effet qu'elles doivent produire.

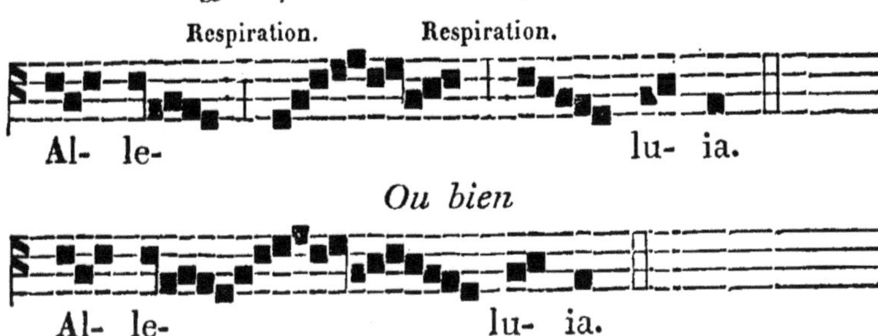

ARTICLE IV.

Explication de quelques termes en usage dans le plain-chant.

Dans le plain-chant, comme dans la musique, il est question de *degrés conjoints, disjoints,* de *seconde, tierce, quarte, quinte, sixte, septième, octave,* d'*accord parfait, majeur* et *mineur*. Un bon chantre doit en avoir au moins une petite idée.

On nomme *degré* la distance qui se trouve d'une note à la note suivante. Les degrés sont *conjoints* lorsque les notes se suivent dans l'ordre de la gamme, sans omission, comme *ut, ré, mi, fa. . . . . si, la, sol, fa. . . . .* Les degrés sont *disjoints* lorsque les notes ne se suivent pas dans cet ordre, comme *ut, mi, ut, fa, la, ré, si. . . . . . .* On dit aussi dans ce dernier cas que l'on chante ou que les notes se suivent par *intervalles.*

On appelle *seconde* une note par rapport à une autre note, lorsqu'elle se trouve au premier degré suivant. *Ré* est la *seconde* d'*ut; la* est la *seconde* de *sol.* On appelle *tierce* celle qui se trouve au deuxième degré suivant; *quarte,* celle qui est au troisième degré; ainsi de suite, *quinte, sixte, septième. Mi* est la *tierce* d'*ut; la* est la *quarte* de *mi; sol* est la *quinte* d'*ut; si* est la *sixte* de *ré* et la *septième* d'*ut.* On voit par ces exemples que l'on compte toujours la première et la dernière notes : ainsi dans une *seconde* il y a *deux* notes, la première et la seconde; dans une *sixte* il y a la distance de *six* notes en comptant la première et la dernière.

Après le *si,* en montant la gamme, si l'on veut élever la voix plus haut, on recommence une nouvelle série des mêmes notes par un nouvel ou second *ut.* Ce second *ut* s'appelle l'*octave* du premier. Il en est de même de toutes les autres notes : elles sont toujours l'*octave* des mêmes notes de la série inférieure ou supérieure.

L'*accord* se compose de plusieurs notes différentes qui peuvent se faire entendre simultanément, comme *ut, mi, sol, — sol, si, ré, — la, ut, mi, — ré, fa, la.*

L'accord est *majeur* lorsque de la première note (la tonique) à la troisième (la tierce) il se trouve deux tons pleins, comme *ut, mi,* dans *ut, mi, sol; — sol, si,* de *sol, si, ré.* Il est *mineur* lorsqu'il ne s'y trouve qu'un ton et demi, comme *la, ut,* dans *la, ut, mi; — ré, fa,* dans *ré, fa, la.*

L'accord est *parfait* lorsqu'il est formé des trois bonnes notes de la gamme. Je veux dire la *tonique,* la *tierce* et la *quinte,* comme *ut, mi, sol,* dans *ut majeur; la, ut, mi,* dans *la mineur.* L'accord *parfait* satisfait l'oreille, et il peut terminer une phrase de chant : l'oreille ne demande rien de plus.

L'accord *imparfait* se compose de toutes les mauvaises notes de la gamme combinées diversement, comme *ré, fa, sol, la, si,* dans *ut majeur, — si, ré, mi, fa, sol,* dans *la mineur.* Cet accord ne satisfait pas l'oreille : il ne peut rien terminer. Il faut qu'il fasse sa résolution sur un accord dont il provient.

La dernière note d'un morceau de chant quelconque se nomme et est toujours la *tonique* d'un accord. Lorsque cette dernière note ou *tonique* est la première note d'un accord *majeur,* comme *sol* de *sol, si, ré,* ou *fa* de *fa, la, ut,* on dit que ce morceau est du *mode majeur;* parce qu'entre le *sol* ou *fa* et leur tierce *si* ou *la* il y a deux tons pleins. On dit au contraire qu'un morceau est du *mode mineur* s'il finit par la *tonique* d'un accord *mineur,* comme *ré* de *ré, fa, la* ou *mi* de *mi, sol, si;* parce qu'entre *ré* ou *mi* et leur tierce *fa* ou *sol* il n'y a qu'un ton et un demi-ton.

Je crois absolument inutile d'entrer ici dans une explication compliquée des *neuf parties du ton,* du *demi-ton majeur* et *mineur :* tout cela n'est d'aucun usage. Je ne résoudrai pas non plus cette grave question : *Y a-t-il plus loin du* si *au* za *que du* si *à l'*ut? Je cite un fait : sur une flûte, une orgue, une guitare, etc., l'*ut bémol* et le *si naturel* sont la même note. Le *za* ou *si bémol* et le *la dièse* sont également la même note. Ces divers instrumens ne sont composés que d'une suite de demi-tons parfaitement semblables. Ainsi la différence d'un demi-ton à l'autre existe plutôt dans la spéculation, et ne saurait être mise en pratique que sur un violon ou une basse, qui permettent le rapprochement ou l'éloignement plus ou moins considérable dans le doigté.

CHAPITRE II.

GAMME ET EXERCICES AVEC LES DEUX CLEFS DANS TOUTES LEURS POSITIONS.

La méthode en usage jusqu'à présent dans l'enseignement du chant ecclésiastique, c'est d'apprendre à l'élève le nom et les différentes positions des notes et des clefs; de lui faire chanter, avec la *clef d'ut* sur la quatrième ligne, une douzaine d'exercices. Dans les autres positions, on se contente de lui montrer une seule gamme, et aussitôt on le lance dans le vague d'un Graduel, d'un Processionnal ou d'un Antiphonaire.

Cette méthode m'a toujours paru contraire au progrès de l'élève; parce que des livres de chant ne présentent pas des difficultés à toutes les pages. Il faut parfois se trouver à plusieurs leçons pour en trouver une seule. D'ailleurs ces difficultés ne sont pas graduées, ce qui est cause qu'après deux ou trois années de leçons on court risque de demeurer court au milieu d'un office, à la rencontre d'une simple note dont la chute ou le saut surprend un œil inexpérimenté.

Cette considération m'a porté à renfermer dans cette méthode un assez grand nombre d'exercices gradués, dans toutes les positions des clefs. J'y ai renfermé les plus grandes difficultés qui se rencontrent dans toutes les pièces possibles. Comme on pourra s'en convaincre, j'ai parcouru des livres entiers pour en extraire des passages de douze ou quinze notes d'une difficulté réelle ou apparente. J'ai rapproché tous ces passages, et j'en ai fait plusieurs exercices avec changement de clef (1). Ces exercices ne présentent pas un chant gracieux, mais ils en sont d'autant plus utiles. On ne les apprendra que difficilement *par cœur;* et, par cette même raison, on les chantera plus rarement *par routine*. J'ose me flatter qu'un élève qui sera parvenu à chanter ces exercices d'un ton ferme et assuré, en y plaçant des mots, pourra se présenter sans crainte devant toute pièce de chant, et l'exécuter à *livre ouvert*.

Pour procéder avec graduation et selon la capacité ordinaire du commun des élèves, on commence par chanter les notes assez lentement, donnant à chaque note à peu près la même valeur. Après on chante un peu plus vite. Lorsqu'on est sûr de ses notes, on ne les nomme plus; mais, au lieu de dire : *ut, ré, mi,* etc., on prend à son gré un ou plusieurs mots, comme *Kyrie, eleison, Alleluia,* etc., que l'on répète plus ou moins de fois selon la longueur de l'exercice.

Il faut de bonne heure s'habituer à chanter en se tenant bien droit, éviter tout mouvement de la tête, du cou et du pied, ouvrir dûment la bouche, donner des sons pleins et bien prononcés. Il ne faut jamais chanter du nez, du gosier, ni avec aspiration.

---

(1) Si Dieu nous fait la grace de pouvoir exécuter notre projet, nous ferons disparaître tous les changemens de clef dans une nouvelle édition soignée du chant romain. Nous y ferons aussi disparaître des fautes énormes qui s'y sont glissées par la négligence ou l'ignorance des éditeurs. Mais, comme il sera plus aisé de donner cette édition soignée que de faire disparaître tous les livres défectueux, il est de toute nécessité qu'en attendant, l'élève se familiarise avec ces changemens de clef.

§ I.

*Gamme et exercices avec la clef d'*ut *sur la quatrième ligne.*

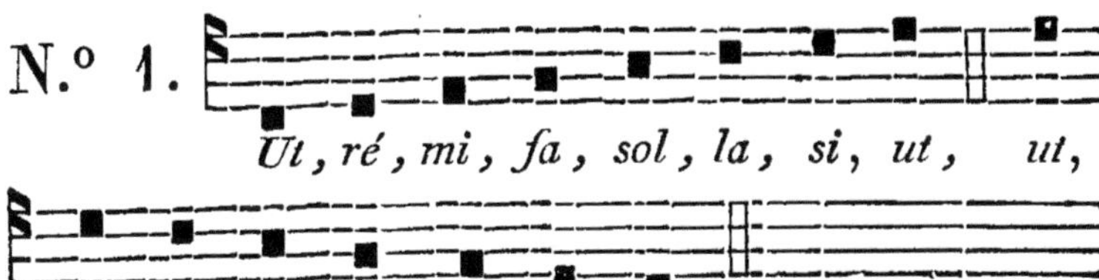

La petite barre indique la respiration.

Résumé de la précédente leçon.

Résumé de la précédente leçon.

Résumé de la précédente leçon.

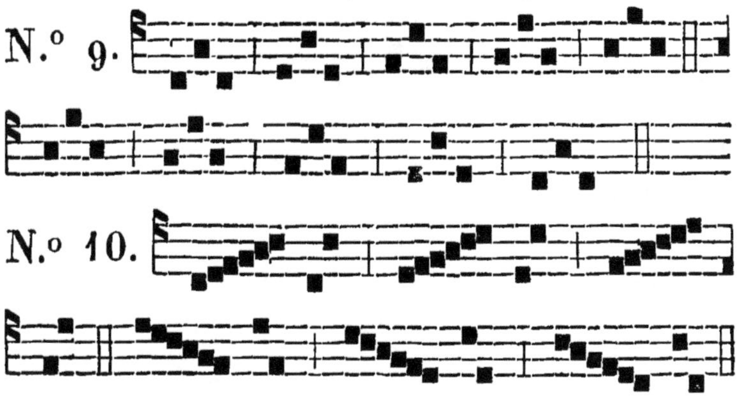

Résumé de la précédente leçon.

Résumé de la précédente leçon.

Leçon renfermant tous les intervalles.

Leçon par tierces de ligne en ligne et d'espace en espace.

N.º 15.

Leçon pour se familiariser avec l'intervalle de triton.

N.º 16.

§ II.

*Gamme et exercices avec la clef d'*ut *sur la troisième ligne.*

N.º 1.

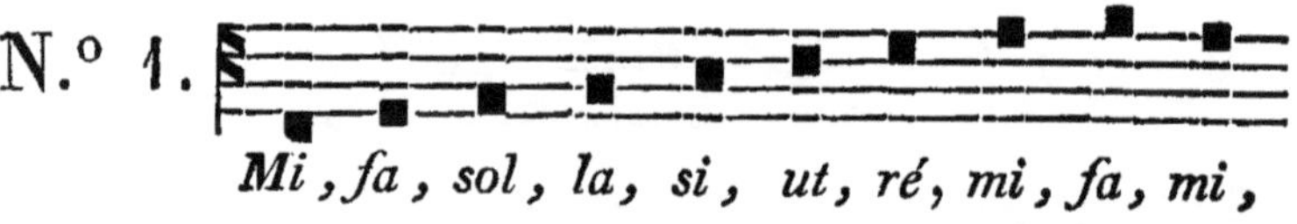

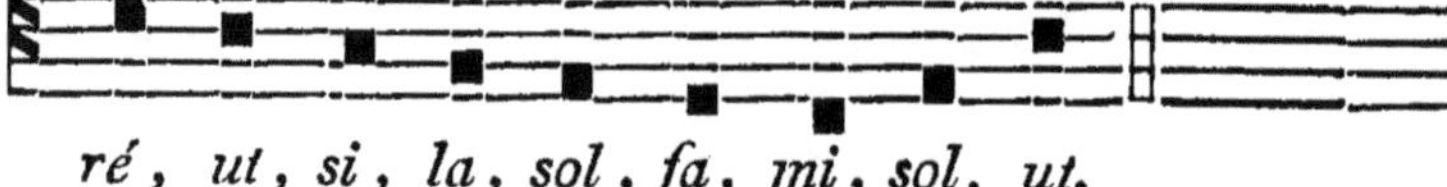

N.º 2.

N.º 3.

Leçon pour se familiariser avec l'intervalle de la fausse-quinte.

Leçon pour commencer à se familiariser avec le za *ou* si *bémol.*

§ III.

*Gamme et exercices avec la clef d'*ut *sur la deuxième ligne.*

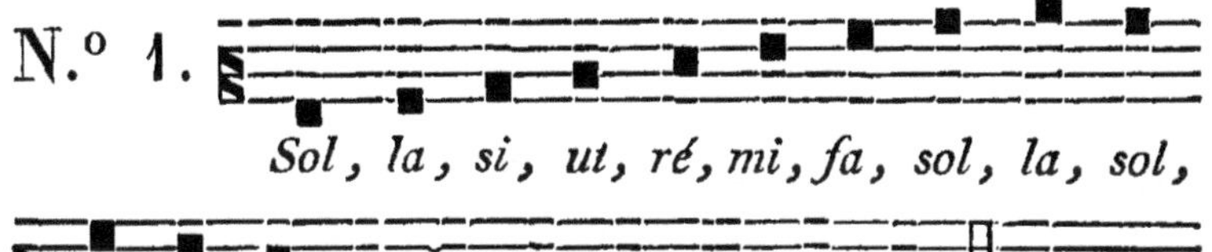

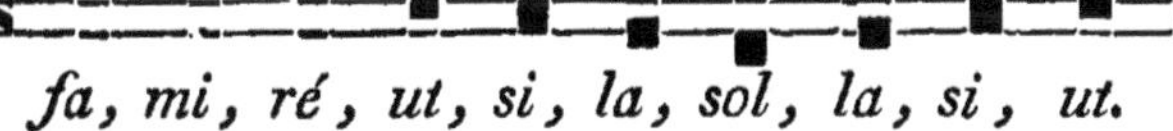

fa, mi, ré, ut, si, la, sol, la, si, ut.

§ IV.

Gamme et exercices avec la clef de fa *sur la troisième ligne.*

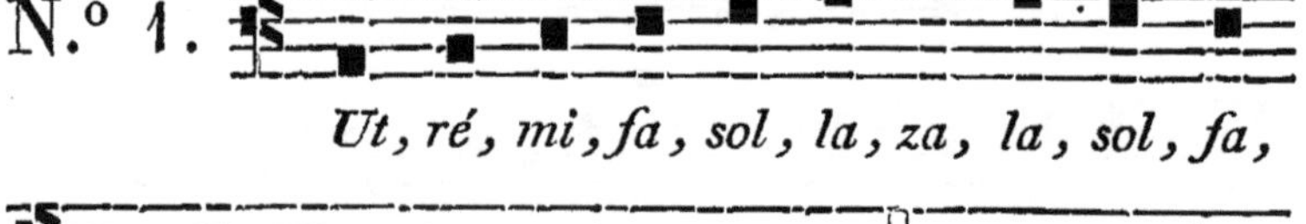

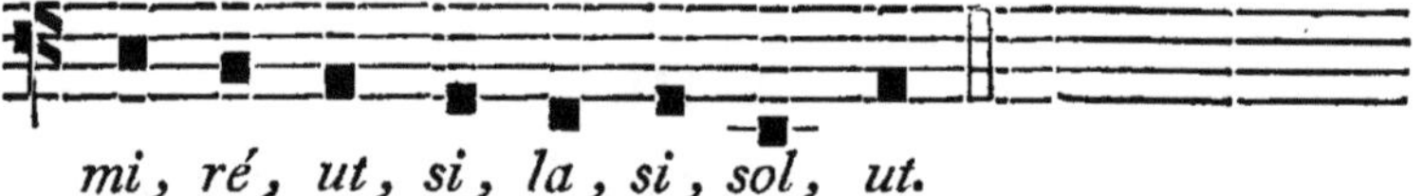

§ V.

Gamme et exercices avec la clef de fa *sur la quatrième ligne.*

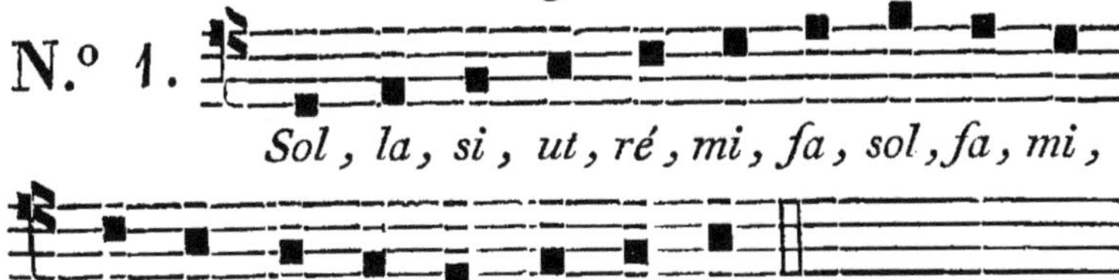

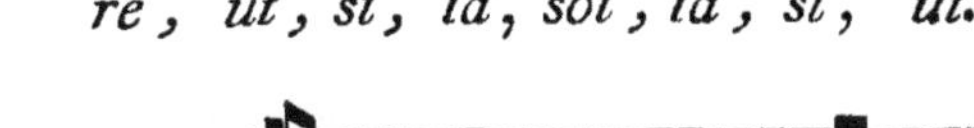

§ VI.

Gamme et exercices avec la clef de sol.

Quand l'élève sera parvenu jusqu'ici, et qu'il saura chanter d'un ton ferme et sans hésitation la note de toutes les leçons précédentes, on le fera rétrograder jusqu'au n.° 2 du § 2, page 18; on lui fera répéter tous les numéros sans nommer les notes, mais en y plaçant des mots à son idée. Voici comme il pourra s'y prendre.

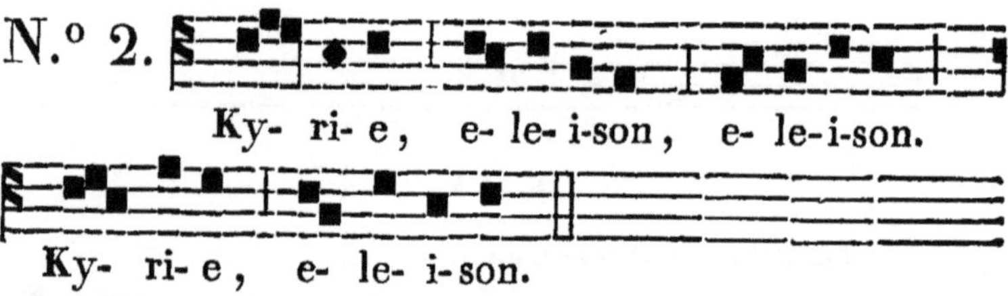

On ne doit lui permettre d'étudier les leçons suivantes que lorsqu'il sera parvenu à chanter les précédentes parfaitement, et des deux manières indiquées.

§ VII.

Changement de clef, exercices tirés de différens livres de chant.

N.º 6.

N.º 7.

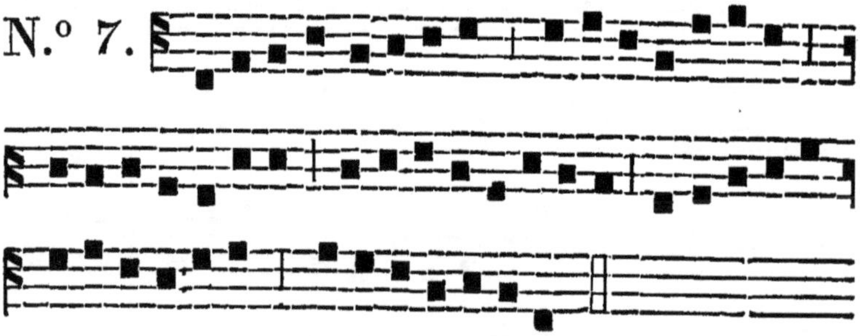

N.º 8.

Difficultés du fameux Collegerunt.

N.º 9.

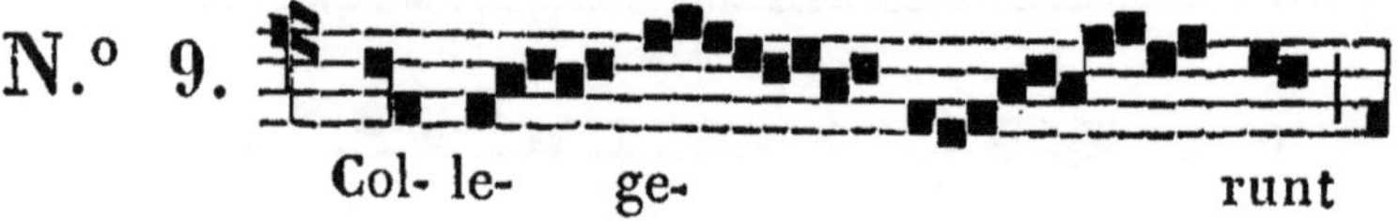

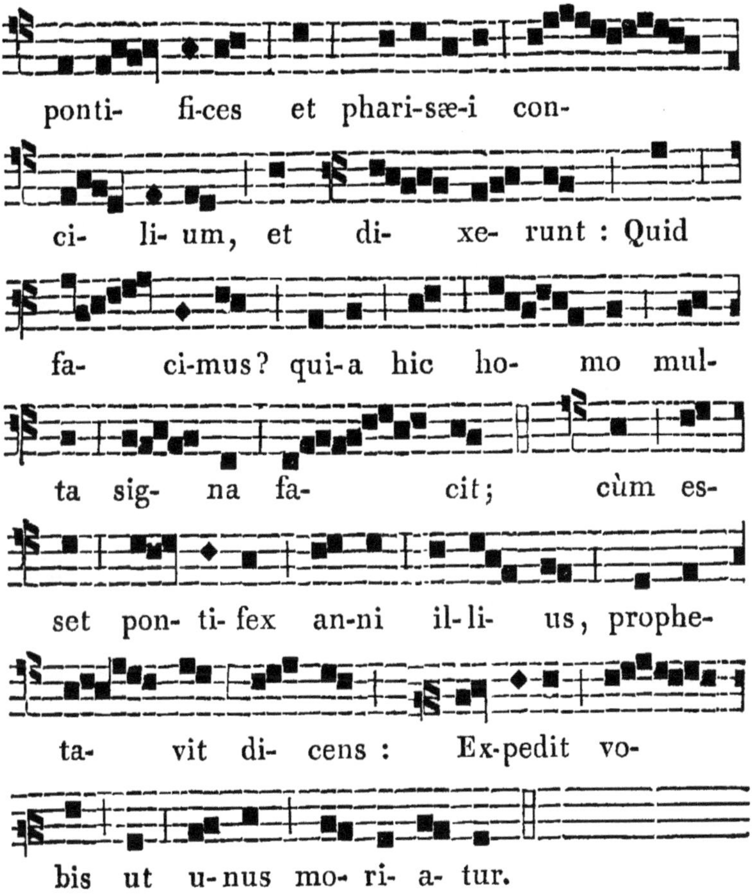

ponti- fi-ces et phari-sæ-i con-
ci- li- um, et di- xe- runt : Quid
fa- ci-mus? qui-a hic ho- mo mul-
ta sig- na fa- cit; cùm es-
set pon- ti- fex an-ni il- li- us, prophe-
ta- vit di- cens : Ex-pedit vo-
bis ut u-nus mo- ri- a- tur.

§ VIII.

Morceaux choisis d'une difficulté spéciale.

N.º 1.

Be- a- ta Ag-nes, in me- di- o
flammarum, expan- sis ma-nibus orabat : Te

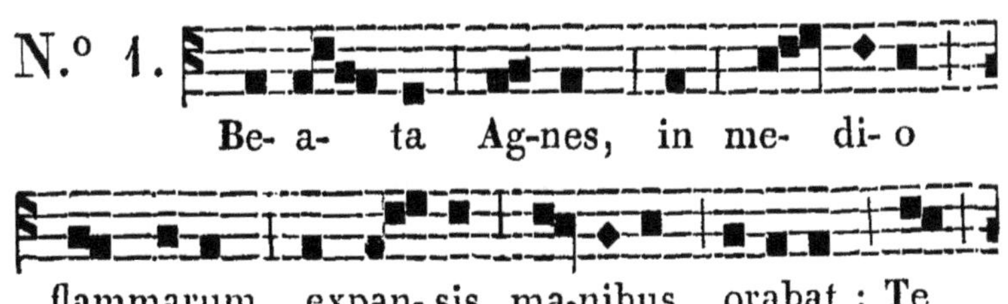

de-precor, omni-potens, adorande, colende,
Pater metu- en- de, qui-a per sanctum
Fi-li- um tu- um eva-si minas sacri-le-gi
tyranni, et carnis spurci- ti- as immacu-la-
to cal- le transivi; et ec- ce ve- ni- o
ad te, quem ama- vi, quem quæ-si-
vi, quem semper opta- vi.
N.º 2.
Scrip- tum est e- nim qui-a domus
me- a do-mus o- ra-ti- o- nis est cunctis
gentibus. Vos au- tem fecis- tis il-lam

spe- lun-cam latro- num. Et e- rat quo-
ti- di- è do- cens in templo.
N.° 3.
O vos omnes qui transi-tis per
vi- am, atten-di-te et vide-te si est do-
lor sicut do- lor me- us.
N.° 4.
Se- nex pu- erum porta- bat ; puer au- tem se- nem re-ge-bat. Quem virgo pepe-rit et post partum virgo perman- sit.
N.° 5.
Sime- on, jus- tus et timora- tus,
expecta- bat redempti- onem I- sra-el , et

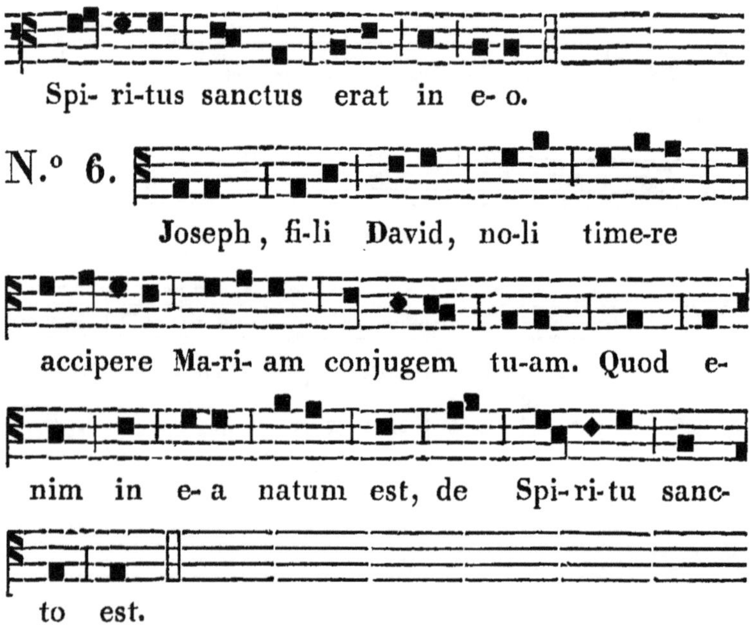

Comme nous le dirons bientôt, la *transposition* des tons est un abus contraire aux règles; quelquefois même c'est une puérilité. Mais on trouve des tons *transposés* dans beaucoup de livres de chant. En attendant que ces livres disparaissent, il faut savoir chanter de cette manière: c'est pour cela que j'ajoute ici cette leçon.

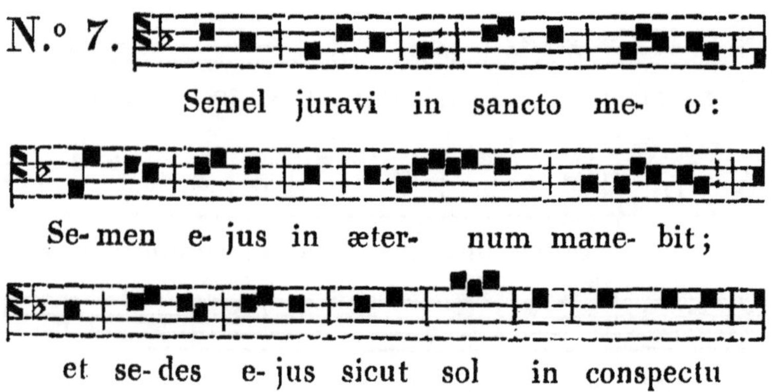

Cette leçon est du quatrième ton transposé. Selon les règles elle devrait être écrite de cette manière :

L'élève qui désire faire de rapides progrès dans le chant ne doit se permettre de chanter dans aucun livre avant de posséder parfaitement les exercices que nous venons de donner. S'il agit autrement, il s'expose à perdre beaucoup de temps ; au lieu que ce ne sera plus qu'un jeu pour lui de chanter dans quelque livre de chant que ce puisse être, lorsque une fois il sera parvenu à exécuter ces exercices avec aisance.

CHAPITRE III.

RÈGLES GÉNÉRALES CONCERNANT LE GOUT DU CHANT.

AVANT d'entrer dans l'explication des règles du *goût du chant,* il faut bien prendre garde que le *goût du chant* et le *goût du chantre* ne sont pas une même chose. Le *goût du chantre* consiste dans la manière d'exécuter, de rendre une pièce de chant; et le *goût du chant* est proprement le *goût du compositeur.* Ce *goût du compositeur* consiste à choisir une modulation analogue au sens des paroles, à disposer les phrases de chant de manière qu'elles marchent exactement avec la ponctuation. Ce goût consiste de plus à placer bien à propos chaque syllabe sous la note qui lui convient, en évitant, par exemple, de mettre une syllabe brève sous une tirade, ou bien sous une note longue par la place qu'elle occupe dans la modulation, laquelle note nous nommerons dans la suite *bonne note.*

Ce goût du *compositeur* ou du *chant* manque bien souvent dans la plupart des livres de chant. Le peu d'attention des copistes ou des imprimeurs a occasioné à cet égard des changemens fort désagréables. Le même chant, reproduit dans douze ou quinze éditions différentes, présente douze ou quinze variantes toutes plus ou moins contraires au bon goût, toutes plus ou moins éloignées de l'idée de l'auteur de ce chant. Un exemple entre mille : le chant *Subvenite*, aux Commendaces, est le même dans le Rituel d'Arras et dans celui de Tournai. Le Rituel de Tournai chante fort bien :

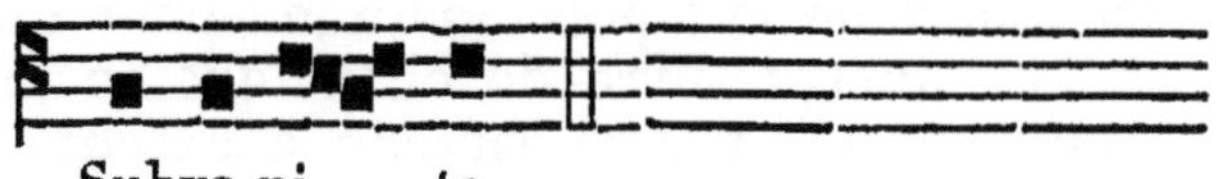

Tandis que celui d'Arras (Douai 1644) chante très-mal :

parce que ces quatre notes placées sur *ve*, qui précède *ni*, long de sa nature, enlèvent à cette dernière syllabe presque toute sa quantité.

On s'est encore écarté parfois du goût du compositeur quand on a voulu mettre sur un chant très-heureux par lui-même des paroles qui n'avaient pas inspiré ce chant. Dans ce cas le chant est presque continuellement en contradiction avec les paroles. Tout le monde sait par cœur l'Antienne des premières Vêpres du Très-Saint-Sacrement. Le chant en est très agréable : on peut le mettre au nombre des beaux morceaux de chant ecclésiastique. Néanmoins les paroles et le chant marchent presque toujours séparément. Pour peu que l'on ait de goût, on sentira qu'un membre de phrase du chant finit à *in filios*, un autre à *de cœlo*, et que dans ces deux endroits le chant exige un repos dans les paroles qui réponde au moins à une virgule. Aussi ce nouvel élan sur *demonstrares* et *præstito*, qui semble vouloir commencer un autre membre de phrase, produit toujours un effet fâcheux.

Quoique ce goût du compositeur ne soit guère du ressort de ma petite Méthode, il est certain néanmoins qu'il doit guider un bon chantre dans le chant des *psaumes*, des strophes des *hymnes*, etc., où le placement des syllabes est laissé à sa disposition. Là il devient quelque peu compositeur. De même, lorsqu'un morceau de chant ou un passage pèche contre le bon goût, de quelque manière que ce soit, il doit, surtout s'il chante seul, s'efforcer de réparer cette faute par un déplacement de syllabes, par le retranchement ou l'addition de quelque note. Nous reviendrons à tout cela dans un des chapitres suivans.

Le *goût du chantre* fait plus particulièrement le sujet de ce chapitre.

On peut avoir une belle voix, connaître bien ses notes, savoir même chanter à livre ouvert, et chanter cependant sans goût, d'une manière insipide et fatigante pour soi-même et pour les autres.

On dit d'une personne qu'elle chante *avec goût* lorsqu'elle chante d'une manière naturelle, sans affectation, sans effort, sans gêne et sans contrainte, en un mot lorsque, prêtant une attention particulière au sens des paroles, elle s'exprime d'une manière pure et onctueuse, sans que la modulation du chant nuise en rien aux paroles. Il est aisé de comprendre que tout ce qui nuit à la pureté de cette *expression* est contraire au *bon goût.*

Cela posé, j'établis un principe fondamental, qui sera d'une application très-fréquente dans toute la suite de cet ouvrage, et que l'on peut considérer comme l'unique base sur laquelle repose toute ma méthode.

PRINCIPE FONDAMENTAL.

Tout chant, toute modulation doit être constamment en harmonie avec le sens et la saine déclamation des paroles.

PREUVE.

On ne chante pas simplement pour le plaisir de faire entendre des sons, mais bien pour exprimer quelque chose. Le chant est pour ainsi dire un auxiliaire de la parole, ou, pour mieux dire, de la *déclamation.* Chez toutes les nations, chez tous les peuples et dans tous les temps on n'a eu recours au chant que pour mettre plus d'enthousiasme dans l'expression de ses sentimens.

CONCLUSIONS

Qui découlent immédiatement de ce principe fondamental.

Donc, 1.° le chant ne doit jamais nuire à la saine prononciation, il doit aider au contraire à la déclamation.

2.° La quantité des syllabes ne doit jamais être sacrifiée à la mélodie.

3.° Tout chant, quelque heureux qu'on le suppose d'ailleurs, est de mauvais goût, 1.° s'il contient une modulation triste sur des paroles gaies, ou une modulation gaie sur des paroles tristes; 2.° si les syllabes brèves se trouvent placées sous une ou plusieurs notes qui rendent ces syllabes longues, et réciproquement; 3.° si les phrases de la modulation ne coïncident pas avec les phrases des mots.

Développons ces conclusions d'une manière plus étendue, et qui puisse donner une idée complète du *goût du chantre.*

ARTICLE PREMIER.

De la Voix, de la Prononciation et de la Respiration.

RÈGLE PREMIÈRE.

Il faut donner sa voix naturellement, sans effort, sans contrainte et sans affectation.

Observations. Que l'on cherche à adoucir sa voix lorsqu'elle est trop dure, rien n'est plus naturel : on en use ainsi jusque dans la conversation. Mais que l'on parvienne bien souvent à dénaturer une voix mélodieuse et sonore au point de la rendre entièrement méconnaissable, c'est ce qu'on aurait peine à concevoir si l'on n'en voyait tous les jours des exemples. Combien en effet ne trouve-t-on pas de personnes qui du reste parlent, lisent, déclament parfaitement, et dont les unes chantent du nez, ou vont chercher les sons jusque dans le fond de leur gosier; les autres, chevrotant sur toutes les notes, en font autant de petites cadences! Combien d'autres qui tirent la bouche de travers, pour en former une espèce d'entonnoir, sous le beau prétexte d'augmenter leur volume de voix, ou qui après chaque note laissent vibrer leurs lèvres comme les cordes d'un instrument dont on vient de tirer des sons!

Ces défauts, aussi communs que risibles, méritent toute l'attention du maître de chant. Il n'est aucun élève, quelque peu de dispositions qu'on lui suppose, qui ne réussît à s'en défaire si dès le commencement on l'en reprenait avec un peu de persévérance.

RÈGLE DEUXIÈME.

La prononciation, dans le chant, doit être la même que dans la déclamation.

Observations. Ainsi que nous l'avons dit, le chant ne doit servir qu'à donner plus d'expression aux paroles, à les animer pour ainsi dire, et à les revêtir des affections de l'ame. Le chant serait hors de nature s'il devait nuire à la pure expression des paroles. Il faut donc, dans le chant comme dans la déclamation, ouvrir dûment la bouche, donner aux dents et aux lèvres une position relative à la prononciation de chaque syllabe, et leur conserver cette position jusqu'à la rencontre de la syllabe suivante.

Il résulte de là que l'on manque dans la prononciation, 1.° quand on articule chaque syllabe, ou même chaque note, comme si elle était précédée d'une *h* aspirée ou des voyelles *iie* ou *iii;* 2.° quand on ne donne pas aux consonnes ou aux voyelles le même son que dans la conversation, par exemple, si l'on donne à la lettre *s* le son du *z* au commencement ou à la fin des mots, ou après une autre consonne; comme les mots *rebus*, *salus*, *persequuntur*, que l'on prononcerait *rebuze*, *zaluze*, *perzequuntur*, au lieu de *rebuce*, *çaluce*, *percequuntur;* si l'on donne à *x* le son de *guez*, en prononçant *uxorem uguezorem* au lieu de *ukçorem;* si l'on dit *Daïus* pour *Déus;* 3.° quand on donne aux mots *fuerint*, *invocabo*, etc., une prononciation toute française, en disant *fueraint*, *ainvocabo*, etc., au lieu de les prononcer comme ils sont écrits, et comme les latins les prononçaient sûrement eux-mêmes; 4.° enfin quand à chaque note d'une liaison on fait entendre la dernière consonne de la syllabe qui est dessous, ou même que l'on anticipe sur la syllabe suivante en chantant :

Do-mi- nan-an-an- an- an- tem.

Sa- cer-dos- i- i- i- i.

tandis qu'on ne doit faire entendre cette dernière consonne du premier exemple que sur la dernière note, et dire :

Do-mi- na- a- a- a- antem.

et qu'on ne doit, dans le second cas, la faire entendre qu'à sa véritable place.

Sa- cer-do-ti- i.

RÈGLE TROISIÈME.

La respiration doit être si bien ménagée, qu'elle n'interrompe jamais la liaison des syllabes.

Observations. La distance plus ou moins grande d'une respiration à l'autre dépendant absolument de la force des poumons de chaque chantre, il faut nécessairement se consulter soi-même, et prendre toujours sa respiration assez à temps pour n'être pas forcé de couper les mots par la moitié.

Puisque la respiration ne doit pas interrompre la liaison des syllabes, il ne doit jamais être permis de respirer entre deux notes qui se trouvent sur deux différentes syllabes d'un même mot. S'il se rencontre sur une même syllabe une suite de notes si longue qu'elle ne permette pas de chanter tout le mot d'un seul trait, il faut nécessairement prendre sa respiration dans le courant de cette suite de notes, et tout au moins avant la dernière. D'après cela, quoiqu'il soit permis de respirer après *uni* dans cet exemple :

il ne le sera pas après *O sa-* dans l'exemple suivant :

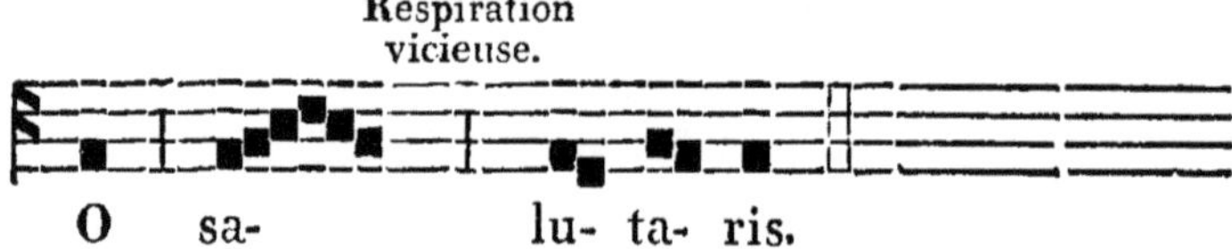

Pareillement, quoique la respiration dans l'exemple suivant se trouve naturellement placée après *mater :*

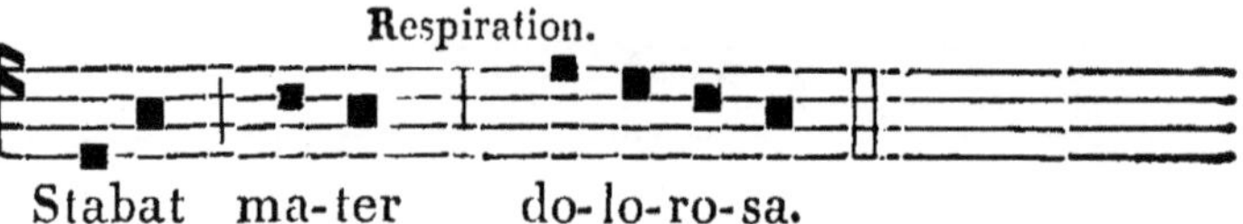

il faut la retarder d'une note dans la strophe suivante. Il faudra donc dans ces deux exemples placer la respiration comme il suit :

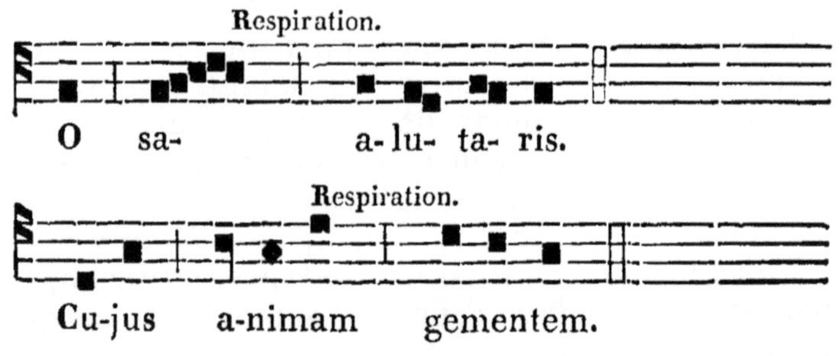

ARTICLE II.

De la quantité des syllabes, et des bonnes notes.

RÈGLE QUATRIÈME.

Dans le chant on considère la quantité des syllabes selon les lois de la saine déclamation, et non selon la rigueur de la prosodie.

Observations. Quoi qu'il en soit de la quantité de la versification, il est certain que lorsqu'on déclame quelque morceau d'éloquence ou de poésie latine, on appuie nécessairement sur certaines syllabes brèves comme si elles étaient longues. Ainsi, 1.° tous les mots de deux syllabes indistinctement se prononcent comme s'ils étaient composés de deux longues. Par exemple, on appuie autant sur la première syllabe de *pater, puer, bonum, dies, via,* etc., que sur la première de *mater, agnus, dictum, victor,* etc. Dans tous ces mots on appuie même un peu plus sur la première syllabe que sur la seconde. Au moins faut-il éviter dans tous les mots possibles d'appuyer fortement sur la dernière syllabe comme l'on ferait en français. 2.° Les mots de quatre syllabes se prononcent comme quatre longues, pourvu que l'avant dernière seulement soit longue selon la prosodie. 3.° Généralement, lorsque trois syllabes brèves se suivent immédiatement, comme *fŭĕrĭt, Thessălŏnĭcenses,* la première seule se prononce et se chante longue. Dans ces sortes d'exemples, lors même que la dernière des trois syllabes est longue, elle est considérée comme brève, et la première des trois se prononce et se chante longue, comme *fuerint.* 4.° On appuie assez fortement sur les pronoms *me, te, se,* sur l'adverbe *hìc,* etc., quand ils terminent un membre de phrase.

RÈGLE CINQUIÈME.

Dans le chant comme dans la déclamation, l'avant-dernière syllabe d'un mot qui a plus de deux syllabes est la seule que l'on prononce selon les lois de la prosodie.

Observations. Lors donc que l'avant-dernière syllabe d'un mot est longue selon la prosodie, elle porte toute la force de la voix, comme dans *cœlorum, ubique,* où l'on appuie fortement sur *lo* et *bi.* Si cette avant-dernière syllabe est brève au contraire, on glisse dessus légèrement, et pour cela on donne plus de durée à la syllabe qui précède cette brève, fût-elle brève elle-même. Dans ce cas cette antépénultième, brève ou longue, porte toute la force de la voix. Ainsi dans *fueritis,* on appuie fortement sur *e.* Cette règle devient surtout sensible dans les mots qui terminent une phrase ou un membre de phrase.

RÈGLE SIXIÈME.

Une syllabe brève (1) *ne doit jamais être placée sous une bonne note ni sous une suite de plusieurs notes qui, par la nature de leur position, rendraient cette syllabe longue.*

Observations. Il y a dans le plain-chant, comme dans la musique, des *bonnes notes,* c'est-à-dire des notes sur lesquelles la nature de la modulation exige que l'on appuie d'une manière plus marquée. C'est à l'oreille à décider quelles sont les *bonnes notes.* Un peu d'habitude et de bon goût suffit pour les découvrir. Il faut seulement éviter une exactitude trop rigoureuse à cet égard. Au premier abord on sent à merveille que dans ces six notes qui sont le commencement des deux antiennes des Commendaces dans le Rituel d'Arras :

le *mi* est une bonne note, sous laquelle il ne sera jamais permis de mettre une syllabe brève. Que l'on essaie de chanter *ego genui te* sur ces six notes, de cette façon :

(1) Brève selon les règles que nous venons de tracer.

quoi que l'on fasse, la syllabe brève *nu* est violentée. On cherche à remédier à cet inconvénient, et l'on trouve sans peine :

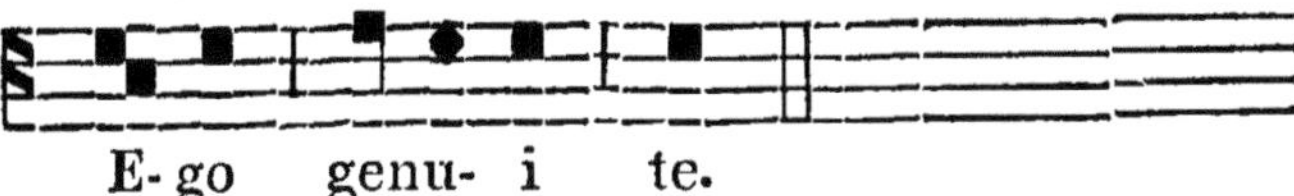

On n'a pas fait attention à cette règle dans les passages suivans d'une édition de Liége, 1823, puisqu'on a noté :

Autant de fautes contre la saine déclamation, notre principe fondamental. Les syllabes brèves *ci*, *su*, *ru*, deviennent longues dans le chant. Il faut donc chanter :

On peut dire à peu près en général que la note qui se trouve seule plus élevée dans un passage est une *bonne note*.

La plupart des notes qui composent les diverses inflexions de la médiation et terminaison des Psaumes, de la ponctuation de l'Epître, de l'Evangile, etc., sont considérées comme bonnes notes.

Je dis *la plupart*, parce qu'il s'en trouve quelques-unes sous lesquelles il est permis de placer une brève; par exemple, la première de l'inflexion des deux points de l'Epître, de la terminaison du 8.e ton, comporte une brève : ainsi on peut très-bien dire :

Voyez cependant, ci-après, au chapitre de la Psalmodie, article III, plusieurs exemples qui pèchent contre cette règle.

Cette même règle dit encore qu'on ne doit jamais placer une syllabe brève sous une suite de plusieurs notes qui la rendrait longue : il serait donc ridicule de chanter :

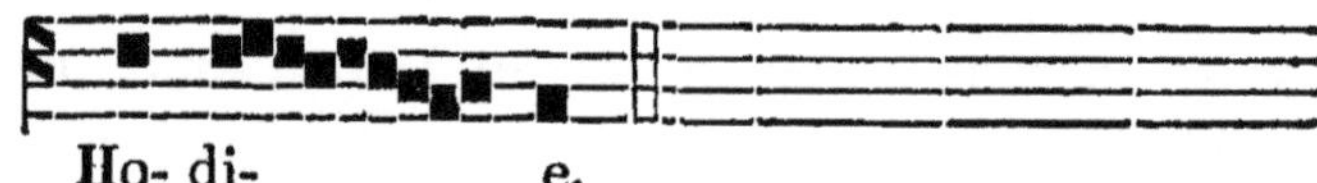

Si l'on rencontrait une méprise de ce genre, il faudrait la réparer de cette manière :

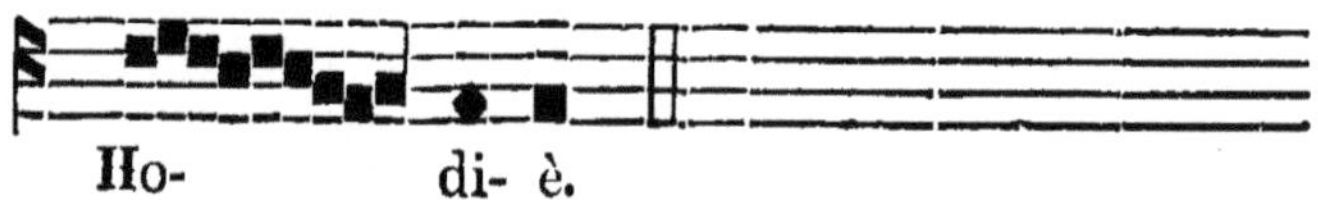

RÈGLE SEPTIÈME.

On ne doit pas mettre sur la dernière syllabe d'un mot plus de notes qu'il ne s'en trouve sur la syllabe de ce même mot qui porte toute la force de la voix.

Observations. Nous avons dit, page 37, règle 4.e, qu'il faut éviter dans tous les mots possibles d'appuyer fortement sur la dernière syllabe d'un mot, comme l'on ferait en français; que les mots de deux syllabes exigent qu'on appuie même un peu plus sur la première; et dans la règle 5.e, page 37, il est dit que l'avant-dernière syllabe d'un mot, ou l'antépénultième, selon les circonstances, porte toute la force de la voix. Or, quand on place plus de notes sur la dernière syllabe d'un mot qu'il ne s'en trouve sur la bonne syllabe de ce même mot, on prolonge la durée de cette dernière syllabe aux dépens de celle qui doit porter la force de la voix. Que l'on juge par cette règle 7.e de la manière dont sont notés les mots suivans dans l'Antiphonaire de Liége, 1823:

et dans le Rituel d'Arras :

Je demande si l'on se conforme aux lois de la saine déclamation quand on met sur la dernière syllabe d'un mot dix, douze ou quinze notes, tandis qu'on n'en met qu'une ou deux sur la *bonne syllabe*. Il faudrait donc noter et chanter les mots cités comme il suit :

Cette règle me paraît d'autant mieux fondée que l'on trouve, dans tous les livres de chant, un grand nombre d'exemples qui y sont conformes. En voici plusieurs que je trouve dans le même Antiphonaire de Liége, 1823 :

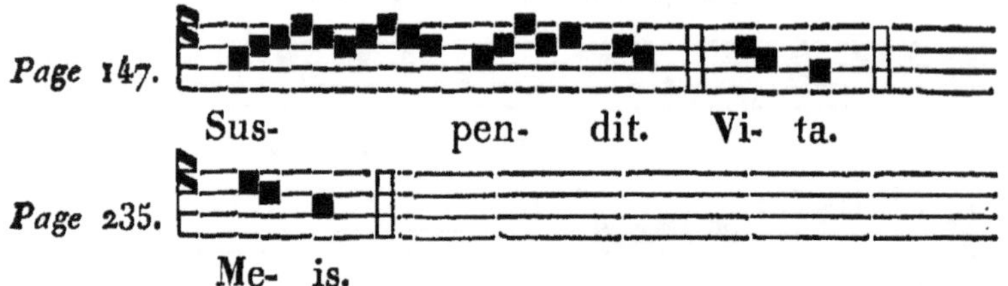

C'est ce qui m'a toujours persuadé que ni S. Ambroise, ni saint Grégoire, ni aucun auteur de chant ecclésiastique, n'ont jamais noté de cette manière vicieuse, et que nous ne sommes redevables qu'à l'ineptie ou à la négligence des imprimeurs, de cette quantité de variantes de mauvais goût.

Il faut néanmoins user avec modération de cette règle 7.e : une rigidité trop compassée dégénèrerait en affectation. Il y a des fins de phrase où l'oreille la plus juste ne trouve rien à redire, surtout quand il n'y a pas plus de deux notes sur la dernière syllabe. En pareil cas on peut et on doit même les laisser ainsi. En voici trois exemples, qui sont d'un fréquent usage :

Il faut dire la même chose des neumes.

ARTICLE III.

De la Mesure, du Repos et de la Tenue.

Remarquez bien que je ne parle aucunement, dans cet article, des morceaux tels que *Lauda, Sion; Veni, sancte Spiritus, Creator alme siderum,* et semblables. Ces morceaux étant de la véritable musique, la mesure musicale leur est indispensable. Sans cette mesure, ils sont entièrement défigurés; ils doivent d'ailleurs être notés d'une manière spéciale, mais qui n'est observée dans aucun livre que je connaisse. Voyez ci-après, ce que nous en dirons, au chapitre du Plain-Chant musical.

RÈGLE HUITIÈME.

Le plain-chant exige une certaine mesure; mais cette mesure est bien différente de celle de la musique.

Observations. La mesure, qui est l'ame de la musique, exige une exactitude rigoureuse et sans exception. Cette mesure marche continuellement d'un pas égal, assigne à chaque note sa place fixe et sa valeur relative. Les silences et les respirations, tout est compté. Dans le récitatif seulement la mesure est à la disposition de celui qui chante

Le plain-chant, au contraire, grave, simple et majes. tueux dans sa marche, semble se mettre au dessus des lois si rigoureuses de la mesure musicale. Quoiqu'il ne soit pas absolument le récitatif des musiciens, il en tient quelque chose. La *respiration*, les *repos*, la *tenue* laissent toujours au chantre un certain loisir.

Quelques amateurs prétendent que l'on doit *battre* le plain-chant comme la musique. Selon eux, il faudrait mettre une note à chaque temps, et à la rencontre d'une syllabe brève, il faudrait donner à la note précédente une demi-valeur de plus aux dépens de la note qui serait placée sur cette syllabe brève.

Cette manière de *battre* le plain-chant ne peut jamais être que de convention: elle n'est certes pas dans la nature du plain-chant. Elle en ôte tout le vague et tout le majestueux. Si le plain-chant était rigoureusement mesuré, il ne serait plus du plain-chant, mais de la mauvaise musique. Quelle différence énorme ne trouve-t-on pas entre la psalmodie, par exemple, abandonnée à la piété et à l'enthousiasme d'un chœur, et cette même psalmodie desséchée par une mesure exacte!

On a quelquefois pensé qu'il était nécessaire de battre ainsi le plain-chant dans un chœur fort nombreux dont une grande partie serait peu exercée au chant. Quant à moi, je pense que ceux qui n'auront pas assez d'aptitude ou d'instinct pour se guider d'après les maîtresses-voix ou par le serpent, ne sauront pas non plus suivre cette mesure. Puisqu'ils ne peuvent produire que de la confusion, le meilleur parti pour eux, c'est de se taire en attendant qu'ils s'instruisent. Il est au reste plus aisé qu'on ne le pense de s'entendre, même sans mesure, dans le chœur le plus nombreux.

Il faut observer que l'on a plus de liberté à proportion quand on chante seul.

Si l'on me demande maintenant en quoi consiste cette certaine mesure nécessaire selon la règle 8.ᵉ, le voici:

Elle consiste, 1.° à mettre plus ou moins de vîtesse dans le chant, selon la solennité, et à conserver la même vîtesse depuis le commencement jusqu'à la fin. Cette vîtesse s'appelle *mouvement;*

2.° A observer la valeur des syllabes conformément aux règles 4.ᵉ et 5.ᵉ, page 37;

3.° A donner à chaque note une valeur à peu près égale, excepté seulement celles placées sur des syllabes brèves, auxquelles on donne un peu moins de valeur, prolongeant à leurs dépens la note qui les précède;

4.° A donner une valeur plus considérable à chacune des deux, trois ou quatre dernières notes d'un morceau, d'une phrase, d'une strophe, d'un verset, etc., de la médiation et terminaison des Psaumes, de la ponctuation de l'Epître, de l'Evangile, etc. Cette prolongation de notes se désigne par le nom de *tenue;*

5.° Enfin à bien ménager sa respiration, et à placer dûment les différens repos, leur donnant plus de durée qu'à la respiration.

Mais le *repos* demande une règle à part.

RÈGLE NEUVIÈME.

Un repos *ne doit jamais se placer entre deux mots qui ont ensemble une sorte de connexion.*

OBSERVATIONS. Le *repos* dans le *chant* représente la ponctuation dans la déclamation.

Le *repos* diffère de la *respiration* en ce que la *respiration* n'est commandée que par la *nécessité,* tandis que le *repos* est inspiré par le *goût.*

Il y a le *petit* et le *grand repos.* Le *grand repos* dure plus long-temps; il se place à la fin des phrases, au point, à la médiante des Psaumes. Le *petit,* représentant la *virgule* ou à peu près, dure moins de temps. On le place en général partout où le sens des paroles le permet, comme dans le courant de la première ou seconde partie du verset d'un Psaume, etc.

Les plus grandes difficultés pour le placement des *repos* se rencontrent dans le chant des *Psaumes,* des *Hymnes,* des *Proses,* où l'on répète plusieurs fois le même chant sur des paroles différentes. La cause de cela, c'est que, le chant présentant toujours les mêmes membres de phrase, la coupe des mots n'y correspond pas toujours également. Dans tous ces cas le chant se trouve disposé pour la première strophe ou le premier verset. Dans les strophes suivantes, la ponctuation ne se trouvant pas aux mêmes endroits, il est quelquefois nécessaire de finir par anticipation un mot commencé et non achevé au *repos* du chant. Un exemple rendra ma pensée plus claire.

Voilà le type qui doit servir à toutes les phrases suivantes du *Stabat.* Le premier petit *repos,* représentant une virgule, ou à peu près, se trouve à la deuxième petite barre. Si je plaçais sur ce chant la strophe *Virgo virginum præclara,* syllabe pour syllabe, ainsi qu'il suit :

je chanterais d'une manière ridicule, d'abord parce que je rendrais long *gi,* bref de sa nature; ensuite parce que ce *repos* placé devant *num* coupe le mot par la moitié; il faut donc incontestablement :

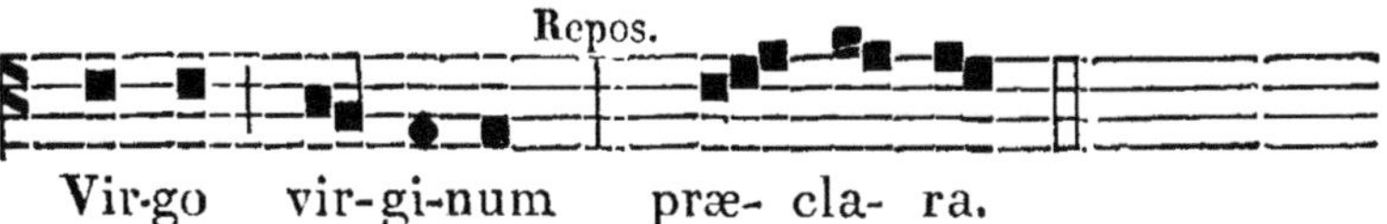

Je place la brève au *sol,* et je retranche un *la,* parce que de toute autre manière la brève se fait moins bien sentir.

Le *Veni, creator* nous fournit un exemple non moins sensible sur cette matière. Le type, je veux dire le chant de la première strophe, porte :

Dès la seconde strophe on est obligé d'appliquer les règles 6.e et 9.e si l'on veut conserver brève la syllabe *ce* de *diceris,* et si l'on ne veut pas couper le mot *paracletus* à sa première syllabe. Voici, selon nos règles, la seule bonne manière de placer les mots :

L'éditeur de Liége, déja cité, n'était pas de cet avis, puisqu'il note :

Il commet une semblable faute dans l'hymne *Vexilla regis* aux strophes *Impleta sunt* et *O crux, ave,* qu'il écrit :

Cela ne peut être. Evidemment la ponctuation du chant se trouve après les notes placées sur *quæ* et *spes;* par conséquent *quæ* et *spes* se trouvent séparés des mots *concinit* et *unica*, avec lesquels ils ont une connexion véritable; il fallait donc qu'il mît :

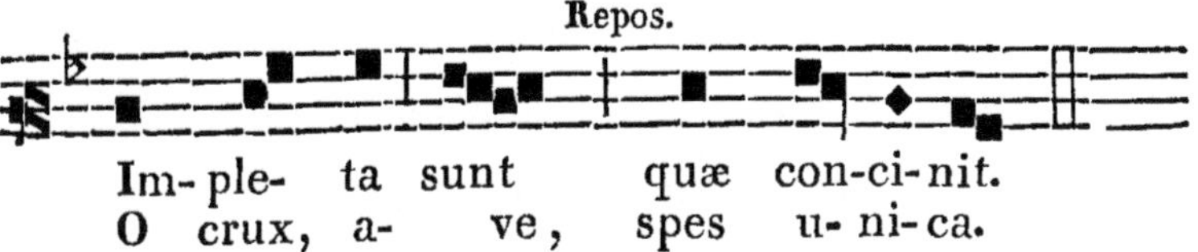

Nous aurons lieu de parler d'une manière spéciale des *repos* nécessaires dans les Psaumes, au chapitre qui traite de la Psalmodie.

CHAPITRE IV.

DU PLAIN-CHANT MUSICAL.

On appelle plain-chant *musical* ou *figuré* une manière de chanter que l'on prétend tenir le milieu entre la musique et le plain-chant ordinaire. C'est, dit un auteur, le plain-chant orné des agrémens de la musique.

Pour donner à ce mélange, assez bizarre, sa prétendue tournure musicale, on a imité, par des diminutifs de la note ordinaire du plain-chant, la division des notes employées dans la musique. La ronde est remplacée par la double note ; la blanche, par la note simple ordinaire ; la noire, par la demi-carrée ; la croche, par la grande brève ; et la double croche, par la petite brève . La division ne s'étend pas au delà dans le plain-chant musical.

Il y a la petite note d'agrément, que représente un petit point carré, assez semblable à la petite brève. On la glisse légèrement, comme dans la musique, sans déroger à la mesure. Sa valeur se prend tantôt sur la note qui la précède, tantôt sur celle qui la suit, selon la nature du passage.

On emploie le *point après la note* quand on veut augmenter la double note de la moitié de sa valeur. Ainsi cette note , qui représente une ronde pointée, doit être soutenue aussi long-temps que s'il y avait .

Le *point* n'est d'usage qu'après la *double note;* si l'on veut pointer une *carrée* ou *demi-carrée*, on y ajoute une *queue*, de cette façon . Cette augmentation de valeur ne se pratique point avec les *grandes* et *petites brèves*.

Dans certains passages on emploie le *triolet*. Ce sont trois petites notes que l'on passe dans le même temps qu'on en passerait deux de même valeur. Selon la régle, il devrait être surmonté d'un petit *trois* .

Chaque mesure (lorsqu'il prend fantaisie au copiste d'observer la mesure) est renfermée entre deux grandes barres simples. Il paraît qu'on ne reconnaît dans le plain-chant musical que la mesure à deux ou à trois temps, que l'on indique par 2 ou 3, même lorsqu'il faudrait $\frac{6}{8}$, et que l'on place immédiatement après la clef de la première portée ou dans le courant du morceau, quand on se rappelle la mesure.

Il est encore question dans ce chant, de cadence, demi-cadence, port de voix, sons filés, etc., qu'il est peu important de connaître. Voici un exemple qui renferme tous les caractères employés dans le plain-chant musical.

Quoi qu'il en soit du plain-chant musical, dont je contesterai plus loin l'existence, il est certain que celui qui s'est avisé le premier d'écrire un chant quelconque avec cette espèce de notes s'est donné une peine fort inutile, et nous a rendu de bien mauvais services. D'abord il a donné naissance à cette fausse idée, qu'il existe une manière de chanter qui n'est ni plain-chant ni musique; ensuite il aura dû se mettre à la torture pour obtenir toutes les subdivisions nécessaires à son but, tandis qu'il aurait pu trouver sa besogne toute faite dans le plus simple cahier de musique. Mais j'aime à croire qu'il n'avait jamais considéré à loisir les caractères propres de la musique : car je ne doute point que la seule inspection de ces jolis caractères ne lui eût pas permis d'hésiter un instant à leur donner la préférence sur les notes de son invention.

En effet la plupart des notes du *plain-chant* soi-disant *musical* ont une trop grande ressemblance entre elles. C'est ainsi que la *grande brève*, la *petite brève*, la *note d'agrément* et le *point* après la note ne se distinguent que par un peu plus ou moins de dimension. Il en est de même de la *carrée* et de la *demi-carrée :* il faudrait presque les mesurer au compas, surtout quand l'impression en est en petits caractères, comme sont tous les recueils de cette espèce de chant.

Les notes de la musique, au contraire, sont différenciées d'une manière si simple, si naturelle, et si aisée à saisir, que le premier coup d'œil a déja assigné à chacune sa valeur.

Je sais bien qu'il en est des notes du chant comme des caractères de l'alphabet, qu'elles sont de pure convention. Mais au moins, quand on est libre de choisir entre deux manières de noter, pourquoi ne prendrait-on pas la meilleure, la plus simple, celle qui permet à l'élève d'apprendre plus vite et avec moins de peine?

Car le nom ni les caractères ne changent rien à la nature du chant. Quand vous appelleriez *plain-chant musical* un chant mesuré écrit avec les notes du *plain-chant* ordinaire, ce chant n'en sera pas moins de la *musique;* et, pour le rendre d'une manière convenable, il faudra toujours être bien sûr de ses notes, les savoir lire rapidement et sans hésiter. Il faudra connaître la mesure, et la battre exactement. Il faudra subdiviser les notes en donnant à chacune sa valeur respective. Celui donc qui voudra bien s'en rapporter à ma parole et à mon expérience consacrera à l'étude de la musique tout le temps qu'il perd à apprendre le plain-chant musical, et il jouira bientôt du fruit de ses efforts.

Cependant, comme il se rencontrera toujours des personnes qui préfèreront ne pas me croire, voici comme je modifierai en leur faveur cette mauvaise manière d'écrire le chant.

Prenons tout simplement les trois notes du plain-chant ordinaire, la *carrée*, la *note à queue*, et la *brève*. C'est autant qu'il en faut pour écrire un chant mesuré, coulant et facile.

Nous donnerons à la note *carrée* ou ordinaire du plain-chant la valeur de la *noire* des musiciens, à la note à *queue* la valeur de la *noire pointée*, et à la *brève* la valeur de la *croche :* de sorte que la *carrée* devra durer autant, dans le chant, que deux *brèves*, et la *note à queue* autant que trois *brèves* (1).

Lorsqu'il faudra prolonger une même note pendant deux, trois ou quatre temps d'une mesure, on répètera la même note une, deux ou trois fois sur le même degré.

Nous emploierons le *triolet* tel qu'il est décrit page 48. Dans le petit nombre de passages qui demanderont une ou deux notes d'agrément, nous emprunterons à la musique ses jolies petites notes. La petite carrée ne sert qu'à mettre la confusion dans la mesure.

Nous indiquerons la liaison de toutes les notes qui doivent se trouver sur une même syllabe, par la syncope des musiciens : ‿ ou ⁀.

Nous indiquerons la mesure à *deux temps* par un 2,

---

(1) Lorsqu'il n'y aura presque aucune subdivision de notes, nous donnerons, dans la mesure à deux temps, la valeur de la *blanche* à la *carrée;* et dans la mesure à trois temps, la valeur de la *noire* à la *brève.* (Voyez *page* 52.)

celle à *trois temps* par un 3, celle à *quatre temps* par un C, et celle en *six-huit* par $\frac{6}{8}$. La mesure en six-huit se bat en deux temps; elle a trois brèves pour chaque temps.

Enfin nous emprunterons à la musique la plupart de ses silences : la *pause*, qui équivaut à une mesure entière; et la *demi-pause*, qui équivaut à la moitié de la mesure; le *soupir*, qui équivaut à une noire; et le *demi-soupir*, qui équivaut à une croche. Voici tous ces caractères dans un même exemple :

Que cette addition des silences n'effraie personne : elle n'augmentera pas les difficultés. Dans le *chant*, le *silence* est ce qu'il y a de plus facile à observer.

Si mes lecteurs veulent bien adopter cette nouvelle manière d'écrire le chant, je leur promets qu'ils deviendront musiciens sans s'en apercevoir.

Quant à moi, je me servirai de cette nouvelle manière de noter, premièrement pour remettre dans leur état naturel et primitif les Hymnes, telles que *Creator alme siderum;* les Proses, telles que *Lauda, Sion* et *Veni, sancte Spiritus*, introduites dans le chant ecclésiastique, et qui appartiennent proprement à la musique. Voici deux échantillons de cette manière de noter :

Je m'en servirai encore en faveur de ceux-là même qui ne veulent pas croire qu'il vaille mieux apprendre la musique. Je donnerai au public un recueil des morceaux les plus jolis et les plus aisés que l'on puisse trouver en cette matière. Ce sera cependant à deux conditions : la première, qu'on chantera toujours ces morceaux exactement en mesure, et tels qu'ils seront écrits. On pourra se faire conduire pour cela par quelqu'un qui sait un peu de musique. La seconde condition, c'est qu'on ne donnera pas à ce chant le nom de plain-chant musical, quoiqu'il soit écrit avec les notes du plain-chant. On lui conservera son nom de musique, et l'on se persuadera bien que l'on chante de la musique véritable.

Voici comme je me propose de noter un six-huit.

Toutes ces conditions étant acceptées, et la paix étant conclue de ce côté-là, j'en reviens au *plain-chant musical,* qui n'entre point dans nos stipulations.

Je vais donc un peu plus loin, et je soutiens qu'*il n'existe pas une manière de chanter qui tienne le milieu entre la musique et le plain-chant véritable.*

Le *plain-chant musical* n'est qu'un être fantastique, une apparence vaine et sans réalité. Je prie le lecteur de bien comprendre ma proposition. Je n'attaque que cette espèce de chant que l'on prétend n'être ni *musique* ni *plain-chant ordinaire.* Je le prie en outre de mettre à part toute prévention, et de me juger sans partialité. Mon but est louable et innocent. Je veux rendre service au malheureux élève qui bien souvent se rompt la tête pendant un temps considérable pour acquérir une façon de chanter entièrement opposée au bon goût, et indigne par conséquent de la majesté du culte divin.

Pour me prouver que le *plain-chant musical* est une réalité, il faut que l'on puisse me citer au moins un morceau de chant qui ne soit proprement ni *plain-chant* ni *musique.* Or c'est ce que je défie qui que ce soit de faire. C'est ce qu'on ne fera jamais.

« Comment! s'écrieront sans doute ici tous les par-
» tisans de cette manière de chanter, vous osez avancer
» et soutenir une proposition aussi inouïe jusqu'à ce
» jour! *Il n'existe point de plain-chant musical!!!*
» Eh! quel nom donnerez-vous donc à tous ces jolis
» morceaux : *Miseremini meî, — Attende, — Rorate, —*
» *Ecce panis, — Lauda, Sion, — Creator alme, — Veni,*
» *sancte Spiritus,* et à une infinité d'autres? Ce n'est cer-
» tainement pas là de la musique, puisqu'il n'y a point
» de mesure. Ce n'est pas non plus du plain-chant
» simple, puisque dans plusieurs endroits on est obligé
» de glisser assez vîte sur plusieurs notes, tandis qu'on
» appuie plus fortement sur d'autres. Donc c'est du
» plain-chant musical : donc le plain-chant musical
» est une réalité, et il existe véritablement. »

Miseremini meî, Attende et *Rorate* peuvent bien n'être que du plain-chant ordinaire, mais du plain-chant qui paraît d'autant plus beau, que le plus souvent on chante ces morceaux de la manière que je l'ai enseigné plus haut, avec cet abandon de l'enthousiasme religieux, qui, je le dis en passant, permet même quelquefois d'insérer quelque petite note d'agrément, pourvu que l'on s'y entende bien.

Pour *Ecce panis* et suivans, ils ne sont rien que de la musique véritable, à laquelle il ne manque que d'être écrite avec les caractères propres de la musique. Quoique la mesure n'y soit pas marquée, elle y est très-sensible à une oreille juste. Quand on ne chante pas ces morceaux en mesure, on les défigure, et on leur ôte tout leur mérite. Voyez *Creator alme* et *Lauda, Sion,* page 52. Je ne mets ici que *Veni, sancte*, et le passage de *Ecce panis* où la mesure est très-aisée à saisir pour tout le monde.

« Et vous soutenez également que ce beau *Magni-*
» *ficat,* imprimé à la suite de Lafeillée, Avignon, 1824,
» n'est pas du plain-chant musical......! Voyez ce-
» pendant le commencement, et ce *Deposuit,* sans me-
» sure, entièrement livré à la discrétion du chantre :

» Il est vrai que tout le reste est mesuré; mais la » musique ne souffre pas ce mélange. C'est donc du » plain-chant musical. Soutenez-vous, après cela, qu'il » n'existe point de plain-chant musical.....? »

Oui, je le soutiens; et je le prouverai d'autant plus aisément, que je n'ai besoin pour cela que d'analyser le *Magnificat* objecté. Quand on aura comparé ce *Magnificat*-musique avec sa contrefaçon, produit du plain-chant musical, on comprendra peut-être que ce dernier ne peut que nuire au bon goût, et qu'aussitôt qu'il vient à s'introduire dans le chant, il n'est capable que de gâter et de défigurer.

Puisque ce *Magnificat* en notes de plain-chant se trouve entre les mains de tout le monde, je me contenterai de l'écrire avec les notes de la musique. Au premier aspect, un vrai connaisseur juge, sans nul doute, qu'il doit être noté et chanté comme il suit :

Mag- ni - fi - cat, Magni - - fi - cat

a - ni - ma me - - a Do - mi - num,

a - ni - ma me - - a Do - mi - num.

Magni - fi - cat, Mag- ni - fi - cat

a - ni - ma me - - - a Do - mi - num.

De - po - su - it po- tentes de se - de,

et ex - al - ta - - - - - - - - - - - - - - - - - - vit

hu. mi - les: de - po - su - it po - ten - tes de

se - de, et ex - al - ta - - - - - - - - - - - -

- - vit hu-mi-les, et exal - ta-vit hu-mi-les.
Bis
Si-cut lo-cu-tus est ad pa- - - tres nostros.
A- - bra-ham et se- mi-ni ejus in sæ- - - -
- - - - cu-la, A-bra-ham et se - mi-ni
ejus in sæ- - - - - - - cu-la. Sicut lo-cu-tus
est ad pa- - - - tres nostros, A-bra-
ham et se - mi-ni e - jus in sæ- - -
- - - - - - - - - - - - - - - cu - la.
in sæ- - cu- la.

Que l'on compare maintenant ce chant tel que je viens de le noter, avec celui objecté plus haut, et que l'on juge si j'ai raison de dire que ce *Magnificat* est du domaine de la musique, et qu'il est défiguré par le plain-chant soi-disant musical.

Je dis qu'il est *défiguré*. On sent à merveille que ce six-huit qui saute aux yeux est ridiculement travesti en un trois-temps tel que celui-ci :

Qu'on remarque surtout cette respectable mesure, si ignominieusement traînée dans la fange depuis le commencement jusqu'à la fin de ce passage.

Je dis qu'il est *du domaine de la musique*. S'il s'y trouve des passages tels que *Deposuit*, qui ne sont pas mesurés, tant pis pour le plain-chant musical. C'est que celui qui les a habillés avec des notes de ce genre, n'a pas saisi la mesure de ce chant, qu'il copiait sans doute de mémoire.

« Mais il existe des morceaux qui, mesurés en partie, » renferment des passages non mesurés, et qui ne sont » susceptibles d'aucune mesure. »

J'en conviens. Il se rencontre parfois des morceaux de musique tellement altérés par le plain-chant musical, que le plus habile musicien aurait bien de la peine à les reconnaître sous leur habit emprunté. Mais alors aussi ces morceaux ont perdu tout leur mérite, tout leur sel; et leur attitude forcée toute seule apprend à quiconque les envisage attentivement, qu'ils ne sont plus chez eux. Que l'on produise un morceau quelque peu digne d'être écouté : un musicien exercé lui aura en un clin d'œil essuyé la poussière qui couvre son front musical, et le fera paraître tel qu'il existait dans l'idée du compositeur.

« C'est fâcheux pourtant de proscrire ainsi jus-» qu'au nom d'une manière de chanter qui a tant d'at-» traits pour un chantre qui commence à être bien » exercé dans son art....! Peut-on toujours répéter la » même chose?..... Toujours du plain-chant, même » aux grandes fêtes......! Et puis, que deviendront » ces superbes morceaux contenus dans des recueils » immenses....... cette *bourdeloise,* ces *messes musi-» cales,* ces belles *leçons des Ténèbres*, etc., etc.?

C'est fâcheux.... cette manière de chanter a tant d'attraits....! C'est plus fâcheux encore que des chantres, d'ailleurs excellens, avec la meilleure intention du monde, aient puisé dans l'étude du plain-chant musical l'idée qu'il n'y a plus de mérite à chanter du plain-chant simple, à chanter *comme les autres...:* ce qui les porte à broder sans fin; ce qui est cause qu'ils ne mettent plus une seule note à sa place. Si j'ai le bonheur de les convaincre, ils reviendront de leur illusion, et jugeront, avec tous les chantres de bon goût, qu'il y a beaucoup de talent et de mérite à chanter le plain-chant dans sa pureté et tel qu'il est écrit; et qu'il vaut mieux un morceau de plain-chant simple, mais bien rendu, que cinquante morceaux d'une musique estropiée.

Peut-on toujours répéter la même chose.....? Il vaudrait cent fois mieux répéter toujours, avec onction et avec goût, le même chant, que de donner sans cesse du nouveau d'un goût baroque. On psalmodie depuis la naissance de l'Eglise; aucun des fidèles que je sache ne s'est encore avisé de s'ennuyer de cette répétition.

Toujours du plain-chant, même les grandes fêtes....! Je ne trouve pas à redire que l'on distingue certains jours par un chant plus solennel, plus agréable; mais pour pratiquer cela, il faut s'y entendre, et le faire avec goût. Il faut au moins remplacer par quelque chose qui vaille mieux. Que si vous n'êtes pas de cette force, appliquez-vous à rendre de mieux en mieux ce que vous chantez toujours..... D'ailleurs le chant romain manque-t-il de morceaux propres aux grandes fêtes...? Regarderiez-vous donc comme fastidieux *Adoro te; Lauda, Sion; Sacris solemniis; O salutaris;* tant de belles hymnes, etc., etc., qui permettent de choisir et de varier presque à l'infini? Si cela était, je vous plains. Il est bien à craindre que votre goût ne soit altéré. Au reste, s'il vous faut absolument du nouveau, donnez-vous un peu de peine pour apprendre les premiers élémens de la musique, ou priez quelqu'un qui les connaît déja, de vous noter quelques jolis morceaux bien aisés, en la manière enseignée page 51; exercez-vous un peu avec lui à bien observer la mesure; et, au lieu d'un charivari déplaisant, vous donnerez, à votre grand étonnement, un chant digne d'être entendu par les oreilles les plus délicates.

Que deviendront tant de beaux morceaux....? C'est vraiment dommage....! Pour deux ou trois morceaux qui, à travers leur déguisement, laissent échapper quelques traits de mélodie passable, on en trouve cinquante du plus mauvais goût. Une mesure qui change presque à chaque ligne, une mesure qui manque, qui est suspendue, ou marquée à contre-temps, comme dans ce passage, l'un des plus sensibles:

Au premier coup d'œil, on s'aperçoit que ce morceau est entièrement contrefait, et qu'il doit être noté de la manière suivante :

Qu'on juge donc du dommage et de la différence... Qu'on remarque surtout cette mesure comique en deux temps, précédée d'une ingénieuse préface (page 255) qui prévient qu'il faut passer à chaque temps trois demi-carrées. Qu'on n'oublie pas que dans tout ce morceau la mesure ne doit pas changer une seule fois, et qu'on la force néanmoins de changer trois fois de suite. Qu'on fixe bien ce naïf trois-temps, d'abord *lent,* et puis *lentement,* qui produit un effet admirable..!

Ce n'est pas tout. Ces jolis morceaux qu'on regrette aussi amèrement ne présentent pour la plupart qu'une modulation triviale, un ton lugubre, un mode généralement mineur, sur des paroles qui ne respirent que la joie et l'alégresse. Il est vrai que l'on cherche à parer à cet inconvénient en plaçant un *gai* solennel en tête du morceau, comme dans ce passage, qui ressemble assez à une vieille chanson :

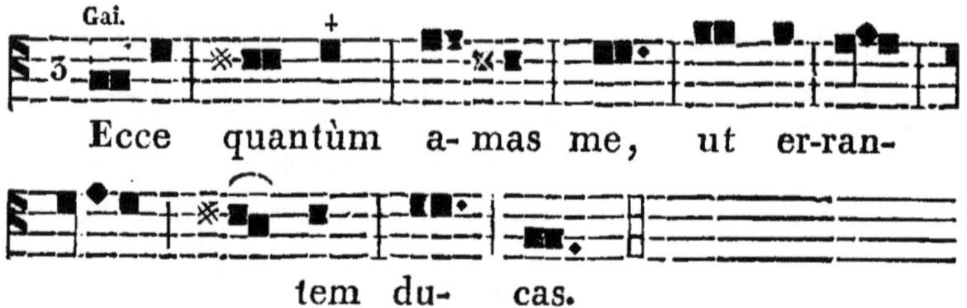

Que deviendra cette bourdeloise....?

Encore de la musique travestie...., défigurée par conséquent, et sans mérite. La *bourdeloise* contient quelques traits de mélodie qui semblent dire à l'auditeur : *Autrefois j'étais belle.* J'avoue qu'elle ne manquerait pas de grace si elle apparaissait sous sa forme naturelle et primitive. Mais de la manière dont elle est écrite et chantée communément, l'auteur, s'il revenait, la désavouerait, et refuserait de la reconnaître pour une de ses productions.

Cette messe est de la musique en toutes règles. Le *Kyrie* est tantôt à quatre, tantôt à trois temps. Le *Gloria* commence par un *largo* à quatre temps; à *Laudamus te*, la mesure est en six-huit jusqu'à *Qui tollis,* où elle est de nouveau à quatre temps, jusqu'à la fin. En voici un échantillon pour preuve :

Le *Credo* est entièrement de la mesure à quatre temps. Nous donnerons cette messe *redressée*, dans le petit recueil que nous devons donner incessamment au public.

Que deviendront ces messes musicales si belles et si variées....?

Elles seront mises en oubli, et je m'en réjouirai de bon cœur avec tout amateur de bon goût : elles seront remplacées par ce chant si simple et si onctueux :

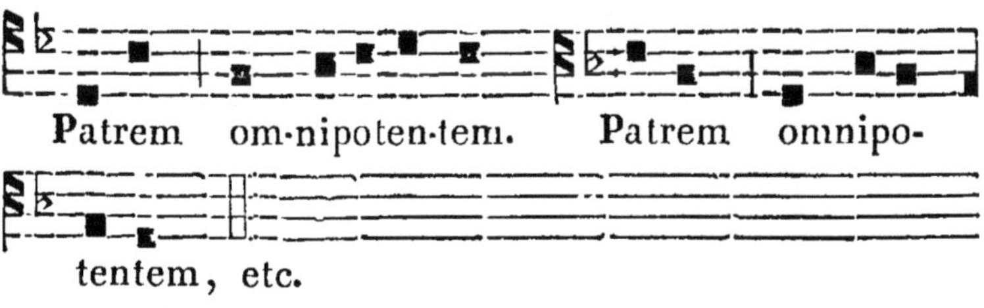

et tant d'autres de ce genre, qui, dans une seule de leurs phrases, valent mieux que toutes les messes musicales réduites à leur quintessence. On ne sera donc plus forcé d'entendre cette *joie mineure*, et pourtant *gaie* malgré tout, page 109.

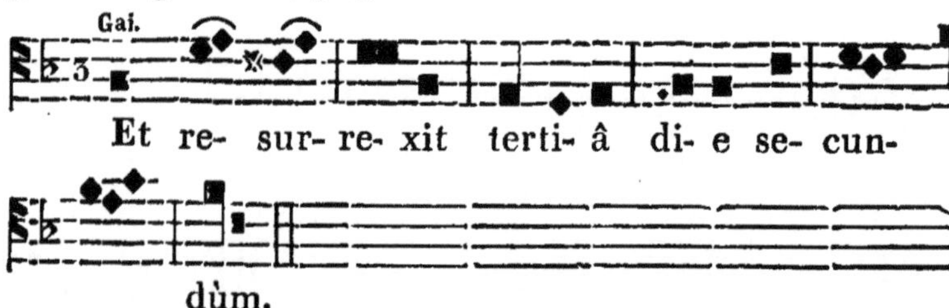

On n'entendra plus des chœurs entiers répéter vingt fois de suite des passages de basse-taille qui sont plutôt un accompagnement qu'un chant véritable :

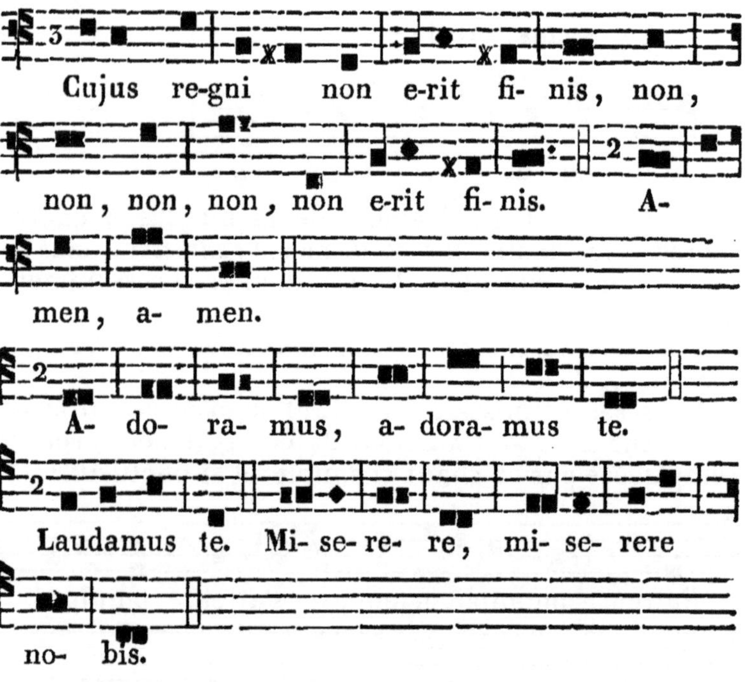

Mais enfin les leçons des ténèbres....?

La lugubre mélodie, la touchante simplicité des lamentations, selon le chant romain, est tellement en harmonie avec le sens des paroles, et a tant d'attraits pour moi, que je ne puis concevoir qu'il se trouve des personnes qui lui préfèrent ces fastidieuses tirades :

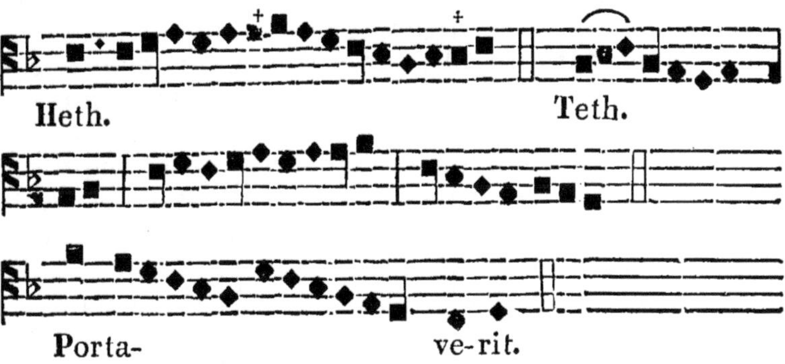

Il m'a toujours paru que l'auteur de ce chant ne sait ni d'où il vient, ni où il va, ni ce qu'il chante, ni pourquoi il le chante. Le seul morceau passable, quand il est bien rendu, c'est la prière de Jérémie. Mais ce morceau, comme tous les autres de ce genre, est entièrement mesuré. Il est donc du domaine de la musique. Il commence à quatre temps. A *cervicibus nostris* vient un deux-temps un peu animé, etc. Il faudrait lui rendre sa mesure d'un bout à l'autre avant d'entreprendre de le chanter.

De tout ce que nous venons de dire il résulte évidemment, et tout connaisseur de bonne foi en conviendra avec nous, que le plain-chant musical n'est pas un être réel, mais imaginaire ; et un chantre de bon sens prendra en conséquence le sage parti de ne plus jamais chanter que ce qui est véritablement ou du plain-chant, ou de la musique.

Finissons ce chapitre par quelques mots sur l'accompagnement en *faux bourdon :* ce sera le terme de cette première partie.

Le chant romain se prête jusqu'à un certain point aux ornemens de l'harmonie. Un assez grand nombre de morceaux fournissent comme d'eux-mêmes une seconde voix, une basse. Les *faux bourdons* surtout ont de l'attrait dans une psalmodie bien exécutée. Il ne faut pourtant jamais oublier que ce n'est pas tout-à-fait la même chose d'aimer cette manière d'accompagner, et de la savoir mettre en pratique.

Pour chanter un accompagnement en faux bourdon d'une manière digne de la majesté divine, il faut non-seulement être solide dans son chant, mais encore connaître la théorie des accords, ou tout au moins être exercé dans cette sorte d'accompagnement par quelqu'un qui s'y entende bien. Sans cela on s'expose souvent à rendre d'une manière ridicule les plus beaux chants. J'ai entendu plus d'une fois des personnes qui s'imaginaient accompagner admirablement parce qu'elles chantaient constamment à la tierce ou à l'octave au-dessus ou au-dessous.

Cet amour de l'accompagnement porte parfois à un tel point de distraction, que j'ai entendu, dans telle église, chanter les Vêpres en *très-faux* bourdon, sans qu'une seule voix songeât à faire entendre le ton véritable du Psaume. Si l'on veut bien recevoir mon avis, on évitera avec le plus grand soin toute démonstration précoce de talent, et, à moins que le chœur ne soit bien composé et bien au fait, on exécutera le chant dans sa simplicité, sans le guinder d'ornemens dont on ne sait pas encore se servir. On peut croire que c'est quelque chose de bien beau qu'un plain-chant exécuté majestueusement et selon les règles. Il y a plus de difficulté et plus de mérite qu'on ne le pense communément.

FIN DE LA PREMIÈRE PARTIE.

SECONDE PARTIE.

PRATIQUE.

CHAPITRE PREMIER.

DE LA CONNAISSANCE DES TONS.

La connaissance des *tons* est nécessaire au chantre, non-seulement pour bien psalmodier, mais encore pour conduire le chant dans quelque office que ce soit. Sans cette connaissance, il entonnera toujours au hasard, tantôt trop haut, tantôt trop bas, et rarement d'une manière proportionnée aux différentes voix qui composent le chœur.

On appelle *ton*, dans le plain-chant, le genre de modulation affecté à une pièce de chant (1).

Il y a dans le plain-chant huit *tons* différens, que l'on appelle *premier, deuxième... huitième ton*. Chacun de ces huit tons a une modulation qui lui est propre.

Ces huit tons se distinguent entre eux, 1.° par la dernière note du morceau, que l'on appelle *finale;* 2.° par la note qui occupe à peu près le milieu de l'étendue de la modulation, et que l'on nomme *dominante* (2);

---

(1) Dans la musique on entend tout autre chose par le *ton*. On dit que le *ton* d'une pièce est en *ré, mi, fa*, etc., lorsque la tonique ou première note de sa gamme est un *ré, mi, fa*, etc.

(2) La *dominante* du plain-chant n'a aucun rapport avec la *dominante* des musiciens. Dans la musique, la dominante est toujours la cinquième note de la gamme, ou la troisième de l'accord parfait. Dans le plain-chant, la dominante quelquefois n'entre pas même dans l'accord qui termine un morceau. Ainsi dans le quatrième ton, la dominante est *la*, et cependant le morceau se termine par l'accord parfait mineur *mi, sol, si*. Bien mieux, il est parfois permis à l'organiste, et dans les faux bourdons, de la considérer comme *tonique*, comme *médiante* ou comme *dominante*. Les 1.er, 5.e et 7.e tons sont les seuls où la *dominante* du plain-chant soit la même que celle de la musique.

3.° par la nature de la modulation; 4.° par l'étendue de la modulation au-dessus ou au-dessous de la finale.

1.° Ces huit *tons* se distinguent entre eux par la *finale*. Toute pièce de plain-chant se termine ou par un *ré*, ou par un *mi*, ou par un *fa*, ou par un *sol*. On peut dire qu'il n'en existe point qui finisse par *la*, *si* ou *ut* (1);

2.° Par la *dominante*. Chacune des quatre *finales* peut se rencontrer avec deux *dominantes* qui lui sont comme relatives. En d'autres termes, chacune de ces quatre *finales* peut terminer deux modulations différentes, dont le centre doit être occupé par l'une ou l'autre des deux *dominantes* relatives. Voici, pour plus de facilité, un petit tableau renfermant ces quatre finales, chacune avec ses deux dominantes relatives :

TONS.	FINALE.	DOMINANTE.
Premier..................	*Ré.*	*La.*
Second....................	*Ré.*	*Fa.*
Troisième................	*Mi.*	*Ut.*
Quatrième................	*Mi.*	*La.*
Cinquième................	*Fa.*	*Ut.*
Sixième..................	*Fa.*	*La.*
Septième.................	*Sol.*	*Ré.*
Huitième.................	*Sol.*	*Ut.*
Huitième irrégulier........	*Sol.*	*La* et *Sol.*

3.° *Par la nature de la modulation.* Assez ordinairement chaque ton fournit un air qui lui est affecté, à

(1) A la vérité, dans les tons *transposés*, dont quelques auteurs font beaucoup de bruit, on trouve pour finale *la* et *ut*. Cela vient tout simplement de ce que l'on a changé la clef et les notes en ajoutant ou en retranchant un bémol. Mais la *transposition* dans le plain-chant est un véritable abus; tout au moins c'est une puérilité qu'il faut nécessairement faire disparaître dans les nouvelles éditions de livres de chant. Qui ne voit en effet que la finale *la*, aux 1.er et 2.e tons, est un véritable *ré*; *la*, au 4.e ton, un véritable *mi* (voyez *page* 39); l'*ut*, aux 5.e et 6.e tons, un *fa*; et l'*ut*, au 8.e ton, un véritable *sol*?

moins qu'il ne sorte passagèrement de sa marche régulière, ce qui arrive encore assez souvent;

4.° *Par l'étendue.* Les tons *impairs*, 1, 3, 5, 7, s'étendent jusqu'à sept ou huit notes au-dessus de leur finale, et ne descendent guère plus d'une note au-dessous. Les *pairs*, 2, 4, 6, 8, au contraire, descendent au-dessous de leur finale jusqu'à quatre ou cinq notes, tandis qu'ils ne vont qu'à cinq ou six notes au-dessus.

Celui donc qui désire connaître à quel ton appartient une pièce de chant doit examiner d'abord quelle en est la dernière note ou *finale*. Cette *finale* ne pouvant se rapporter qu'à l'une ou l'autre des deux *dominantes* qui lui sont relatives, il ne s'agit plus, pour en décider, que de voir laquelle de ces deux *dominantes* occupe plutôt le milieu de la modulation, de quelle nature est cette modulation, et surtout si elle prend son étendue au-dessus ou au-dessous de la *finale*.

Si, par exemple, le morceau que j'ai sous les yeux a pour finale *ré*, je suis sûr que ce morceau est ou du premier ou du second ton, puisque la finale *ré* ne peut avoir pour dominante que *la* ou *fa*. Si c'est le *la* qui occupe plutôt le milieu de l'étendue de la modulation, et que par conséquent la modulation s'étende au dessus de la finale, ce morceau a *la* pour dominante, et il est du premier ton. Si au contraire le *fa* occupe le milieu de l'étendue de la modulation, et que le morceau s'étende au-dessous de la finale, sa dominante sera *fa*, et il sera du second ton. On se conduit de même dans la recherche des autres *tons*.

Il y a quelques morceaux dont on ne saurait distinguer sûrement le *ton* en la manière indiquée. Cela se rencontre dans trois circonstances différentes :

1.° Lorsque dans un morceau toute l'étendue ordinaire n'est pas observée, et que la modulation n'est pas bien prononcée. Ces tons s'appellent *douteux*, on les met au nombre des *pairs;*

2.° Lorsque le morceau roule alternativement sur les deux dominantes relatives à la finale, qu'il s'étend aussi bien au-dessus qu'au-dessous de sa finale, et que sa modulation appartient tantôt à l'un, tantôt à l'autre des deux tons relatifs. Ces tons se nomment *mixtes,* on les regarde comme impairs ;

3.° Lorsque la finale est le résultat d'une modulation singulière qui n'a rien de l'un ou de l'autre des tons relatifs. Ces tons sont *irréguliers,* on les range avec les *pairs.*

Dans le 8.e ton cette *irrégularité* est si extraordinaire, qu'on en fait comme un 9.e ton ; et le ton du psaume qui en résulte semble avoir la double dominante particulière *la* et *sol.* Nous en avons des exemples dans *Nos qui vivimus,* aux Vêpres du Dimanche; dans *Angeli Domini,* aux Vêpres de S. Michel; et dans *Benedicite Deum,* aux Vêpres de S. Raphaël, etc.

Nota. Généralement, dans les *Graduels, Répons, Alleluia,* le verset commence par la dominante, ou par une note qui y conduit bientôt.

CHAPITRE II.

DE LA MANIÈRE DE CONDUIRE LE CHOEUR.

Le talent d'un chantre fort de ses principes se décèle principalement dans la conduite du chœur.

La plus belle partie de ce talent consiste à saisir toujours dans les intonations le ton le plus convenable, le plus proportionné aux différentes voix qui composent le chœur; de manière qu'il ne soit ni trop haut pour les voix basses, ni trop bas pour les voix hautes. C'est au chantre habile à bien étudier, à bien examiner les voix qu'il doit conduire.

C'est la *dominante* qui doit *régulièrement* servir de guide dans la conduite du chœur. Pour bien comprendre ceci, il faut se pénétrer des observations suivantes :

Pour mettre chaque morceau de musique à une élévation de ton proportionnée à la voix qui doit l'exécuter, les musiciens placent à la clef, selon le besoin, un certain nombre de dièses ou de bémols. De sorte que dans tous les morceaux de musique possibles, toutes les notes qui portent le même nom se chantent sur le même ton, et occupent le même degré d'élévation dans la voix.

Il en est tout autrement dans le plain-chant. Pour le mettre à la portée de plus de monde, et le rendre plus aisé, on l'a écrit d'une manière simple et le plus naturellement possible, c'est-à-dire, sans dièses ni bémols, ne mettant de bémols que quand il en faudrait pour amener l'une ou l'autre des quatre finales, *ré, mi, fa, sol :* ce qui est cause qu'il serait impossible d'exécuter le plain-chant si l'on donnait le même ton aux notes de même nom dans tous les morceaux. Il faut donc suppléer à la ressource des musiciens par un autre expédient qui conduise aux mêmes résultats. Or cet expédient, c'est ce que nous appelons la *réduction de la dominante*. Qu'on me comprenne bien : ceci est peu connu, et plus important néanmoins qu'on ne le pense.

La destination de la *dominante,* dans l'idée du compositeur de plain-chant, n'est autre que de servir de point de départ pour régler le degré d'élévation ou d'abaissement que doivent occuper dans la voix les notes d'un morceau de chant relativement aux notes de même nom d'un autre morceau de chant. Ce qui le prouve, c'est que la *dominante* de chacun des huit tons occupe le milieu de l'étendue de la modulation : de sorte que si l'on place toutes les dominantes *la, fa, ut, ré,* au même degré d'élévation et sur une même corde, on parcourt toujours à peu près les mêmes degrés de la gamme naturelle. Par exemple, dans le 2.e ton la dominante est *fa,* on descend jusqu'au *la,* et l'on monte jusqu'à l'*ut.* Dans le 7.e ton la dominante est *ré,* on descend au *sol,* et l'on monte au *la.* Si je mets la dominante *ré,* du 7.e ton, sur la même corde, au même degré d'élévation que le *fa,* dominante du 2.e ton, ma voix ne s'élève pas plus haut dans le 7.e ton en chantant *la*, qu'elle ne s'élève dans le 2.e en chantant *ut*. De même, ma voix ne descend pas plus bas en chantant *fa* au 7.e ton qu'en chantant *la* au 2.e.

Il y a seulement quelques morceaux, surtout dans les 3.e et 8.e tons, où le compositeur semble avoir oublié cette *destination de la dominante*. Toute l'étendue se trouve au-dessous de la dominante *ut*, jusqu'à *ré*, et même *ut* d'en bas. Tels sont *Iste confessor; — Corde et animo*, quatrième Antienne des Vêpres de la Nativité;— *Martinus Abrahæ;—Domine, quandò veneris;—Domine, non secundùm*, dans l'Office des Morts, et semblables. C'est pour excepter cette sorte de morceaux que j'ai dit que la dominante doit *régulièrement* servir de guide dans la conduite du chœur.

Voici maintenant comment on met en pratique cette *réduction de la dominante*.

Il faut, 1.° mettre la dominante du premier morceau sur une note, un ton convenable aux différentes voix du chœur : si le chœur est composé de voix basses, on peut prendre le *sol* de l'orgue ou du serpent (1); on prendrait le *la* si le chœur était composé de voix moyennes; 2.° mettre en général toutes les dominantes des morceaux suivans, *la, fa, ut* ou *ré*, sur le même ton, à moins qu'il ne survienne un de ces morceaux dont nous venons de parler, comme *Iste confessor, etc.*, dont toute l'étendue se trouve au-dessous de la dominante; et alors, 3.° hausser la dominante de ce morceau d'un ou deux tons, selon le besoin. *Iste confessor*, par exemple, peut très-bien être chanté en mettant la finale *sol* sur le même ton de la dominante convenue, ce qui le hausserait de deux tons et demi; je suppose que l'on a choisi une dominante bien convenable. 4.° Dans la psalmodie, il faut néanmoins chanter sur la même dominante, même les Antiennes qui descendent un peu trop bas, comme *Martinus Abrahæ, — Corde et animo*, etc., parce que dans ce cas on fait plus particulièrement attention à la dominante, qui doit mettre absolument tous les Psaumes au même degré d'élévation.

(1) Ce qui revient au *fa* et au *sol* de l'orchestre.

Dans un assez grand nombre d'églises on hausse généralement la dominante d'un ton aux *Hymnes, Magnificat* et *Benedictus*. Cela ne peut se pratiquer que lorsque l'on a pris dès le commencement un ton peu fatigant, et que l'on n'a pas été en haussant insensiblement la dominante depuis le commencement de l'office.

Si dans le courant d'un morceau quelque voix fausse ou un accident quelconque vient à baisser ou à hausser le ton, celui qui conduit le chœur doit ramener le ton convenu le plus tôt qu'il le pourra, sans troubler le chœur.

Celui qui chante l'*Epître*, l'*Evangile*, une *Leçon*, etc., doit toujours, si sa voix le comporte, se régler sur la *dominante* du chœur. On ne doit prendre un ton particulier que dans le cas où l'on ne saurait se conformer à cette dominante sans forcer sa voix.

Aux offices des morts il convient de chanter un peu plus bas que dans toute autre circonstance. Cet abaissement respire quelque chose de lugubre.

NOTA. Le chantre doit toujours proportionner le volume de sa voix à la grandeur du vaisseau de l'Eglise dans laquelle il chante.

CHAPITRE III.

DE LA PSALMODIE.

LA Psalmodie est la plus belle et la plus considérable partie de l'office divin. Lorsqu'elle est exécutée selon les règles, rien n'est plus touchant en même temps, ni plus majestueux : rien ne prête davantage aux pieuses méditations. S'il m'arrive d'entrer dans une Eglise où l'on exécute avec recueillement et avec goût ces beaux cantiques qui nourrissaient la piété des fidèles de la primitive Eglise et des saints de l'ancien Testament, j'éprouve une émotion semblable à celle qui arrachait des larmes à Augustin pécheur, lorsqu'il assistait au chant des Hymnes et des Cantiques de l'Eglise de Milan.

Nous devons mettre un soin, une exactitude extrêmes dans tout ce qui se chante à la gloire de Dieu; mais il semble que nous devions redoubler de zèle dans le chant des Psaumes, parce que ce chant précède, accompagne et suit tous les offices divins, et qu'ainsi la gloire de Dieu, le salut des ames confiées à nos soins et notre propre sanctification y paraissent plus spécialement intéressés.

Nous avons dit, page 67, qu'il y a huit tons dans le plain-chant. Chacun de ces huit tons, par sa finale, conduit à une psalmodie particulière, qui en est comme une relation, une suite, une dépendance. Ces huit manières de chanter les Psaumes se nomment également *tons*. Voici un modèle de tous les *tons* en usage dans le chant romain.

TROISIÈME TON.

Autre terminaison du troisième ton.

QUATRIÈME TON.

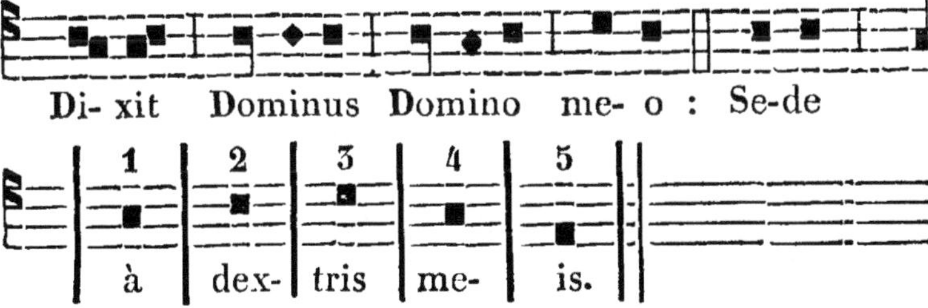

Autres terminaisons du quatrième ton.

CINQUIÈME TON.

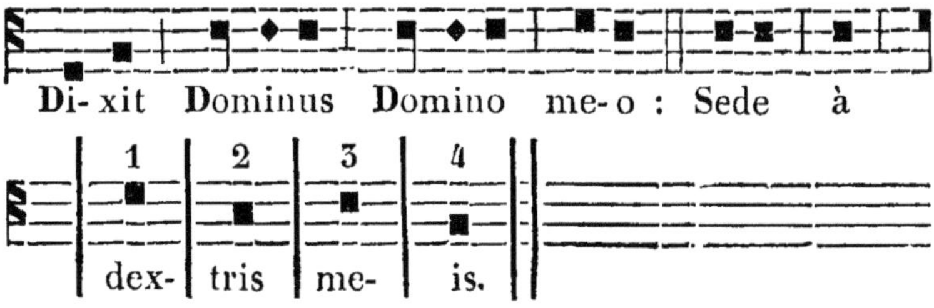

Autre terminaison du cinquième ton.

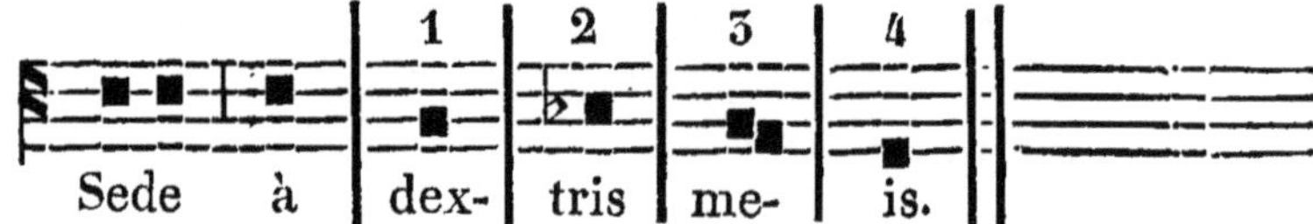

1 2 3 4
Sede à dex- tris me- is.

SIXIÈME TON.

Di-xit Dominus Domino me-o : Sede à

1 2 3 4
dex- tris me- is.

SEPTIÈME TON.

Di- xit Dominus Domino me-o : Sede à

1 2 3 4
dex- tris me- is.

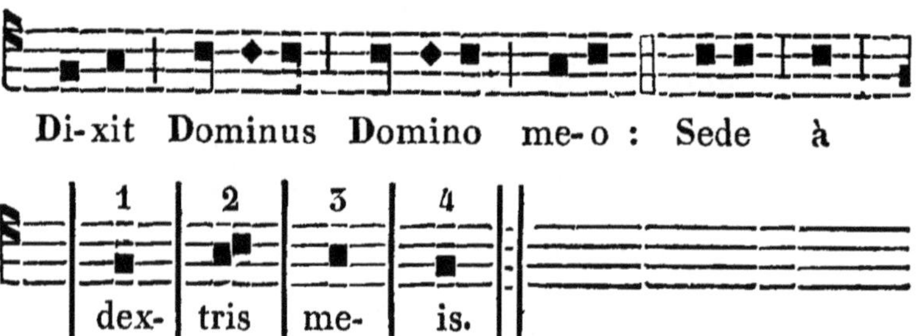

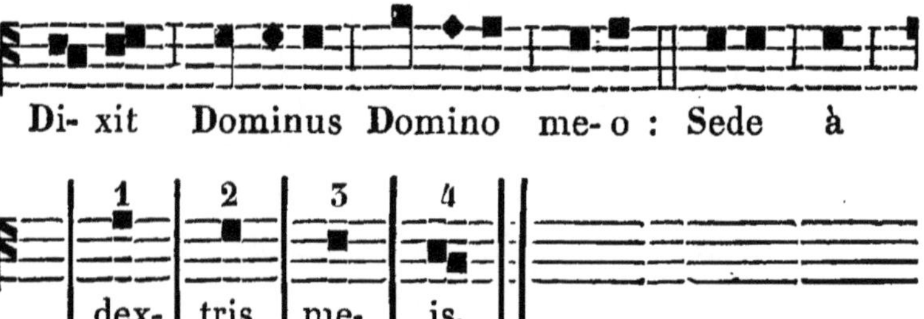

Autres terminaisons du septième ton.

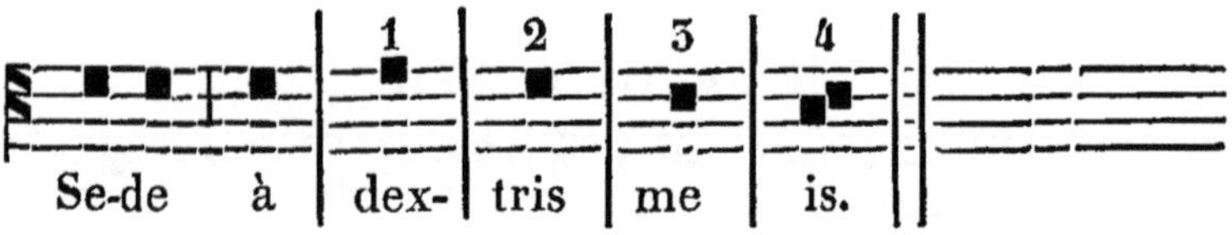
1 2 3 4
Se-de à dex- tris me is.

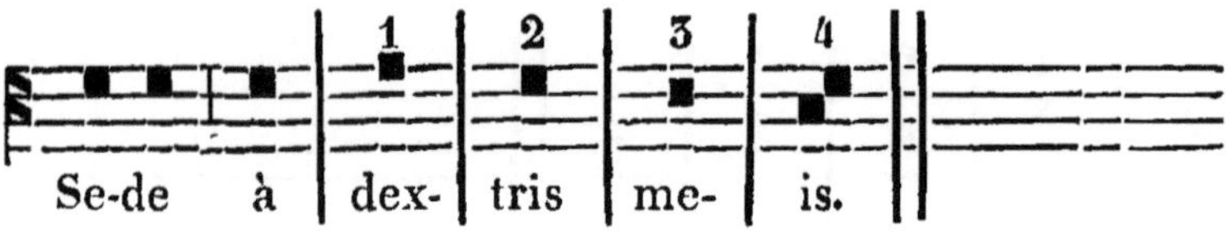
1 2 3 4
Se-de à dex- tris me- is.

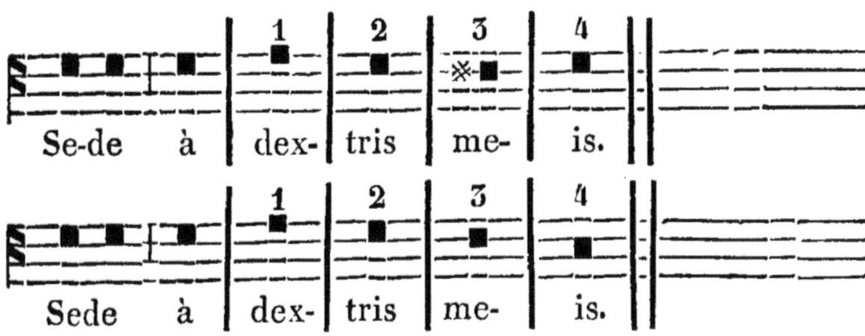

HUITIÈME TON.

Autre terminaison du huitième ton.

HUITIÈME TON IRRÉGULIER.

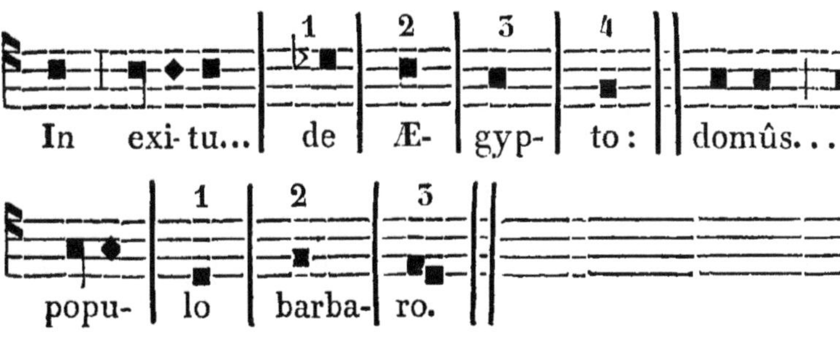

Ce qui doit surtout fixer l'attention dans le chant des Psaumes, c'est l'*intonation,* la *médiation,* la *terminaison* et les *repos.*

ARTICLE PREMIER.

De l'Intonation.

On entend par *intonation* la manière de chanter le commencement du premier verset d'un Psaume.

L'intonation est *simple* ou *solennelle*. Elle est *solennelle* lorsque l'office est au moins double; elle est *simple* si l'office est semi-double ou au-dessous.

La différence de ces deux intonations consiste en ce que la *solennelle* commence par quelques notes qui conduisent à la dominante, comme on peut le voir dans les modèles des tons, p. 74; au lieu que l'intonation *simple* commence droit sur la dominante, ainsi qu'il suit :

Intonation simple.

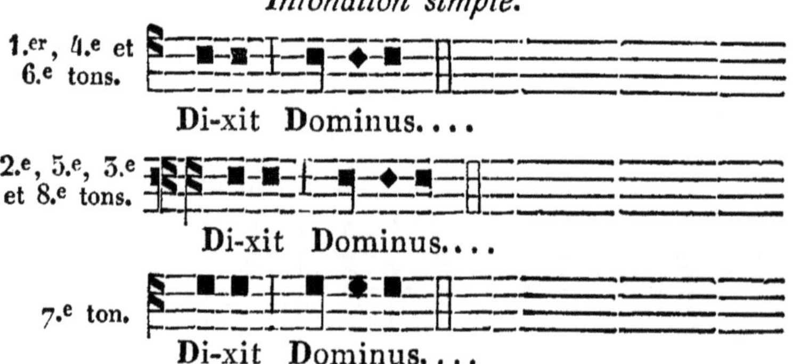

L'intonation dans les Psaumes n'est jamais *solennelle* que dans le premier verset : dans tous les autres versets elle est *simple*. Il en est autrement dans *Magnificat* et *Benedictus*, comme nous le verrons ci-après.

Il est essentiel de remarquer ici, au sujet de l'intonation *solennelle*, deux choses auxquelles on ne fait pas généralement assez d'attention : 1.° dans les 4.e et 7.e tons, les deux premières syllabes de l'intonation portent chacune deux notes. 2.° Dans les six autres tons les deux premières syllabes de l'intonation doivent porter chacune une note séparée. C'est à quoi l'on manque principalement dans les 1.er, 3.e et 6.e tons, où, par abus, l'on met presque toujours deux notes sur la seconde syllabe.

ARTICLE II.

De la Médiation.

Tout ce que nous allons dire de la médiation et de la terminaison regarde tous les versets, même dans les offices simples.

La *médiation* est la fin de la première moitié du verset d'un Psaume. Dans les éditions soignées c'est l'endroit marqué de deux points et d'un astérisque.

Toute la difficulté de la *médiation* se trouve dans le calcul et le placement des syllabes sur les notes au moment où l'on doit quitter la dominante.

Dans les 1.er, 2.e, 4.e, 5.e, 6.e, et 8.e tons, il n'y a guère de difficulté à la *médiation*. L'inspection seule des modèles page 74 suffit pour s'y former. On abaisse ou l'on relève sur l'avant-dernière syllabe, si cette syllabe est longue; si au contraire cette avant-dernière est brève (1), on relève ou l'on abaisse sur l'antépénultième.

Il n'y a que la médiation du troisième et du septième ton qui demande des règles particulières.

TROIS RÈGLES GÉNÉRALES.

PREMIÈRE RÈGLE.

Dans les 3.e et 7.e tons la médiation se compose de quatre bonnes notes sur quatre bonnes syllabes (2).

Exemples.

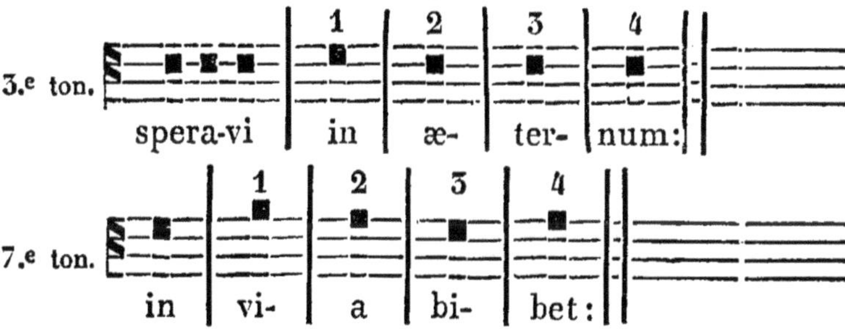

(1) Toujours brève ou longue dans le sens expliqué *page* 37.

(2) Grand nombre de personnes pèchent contre cette règle à *Deus, in adjutorium*, en relevant sur *to* de *adjutorium*, au lieu de relever sur *me* de *meum*. N'est-ce pas un 3.e ton? Pourquoi donc, dans ce seul cas, composer la *médiation* de sept syllabes?

DEUXIÈME RÈGLE.

Dans l'application des syllabes à ces quatre notes il ne faut pas compter les brèves, ni le monosyllabe lorsqu'il se trouve seul *à la fin.*

Exemples.

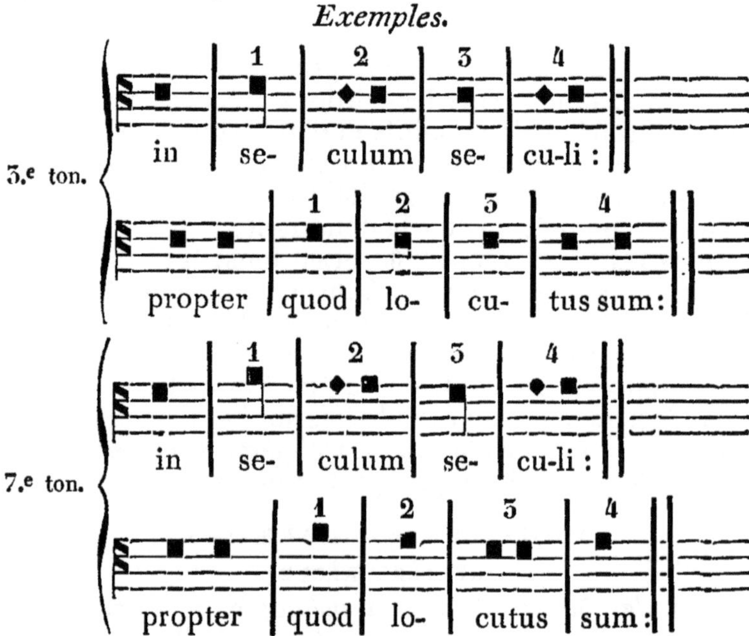

TROISIÈME RÈGLE.

Il ne faut jamais placer la dernière syllabe d'un mot sur la première de ces quatre notes.

On chanterait mal de cette façon :

Il faut dire :

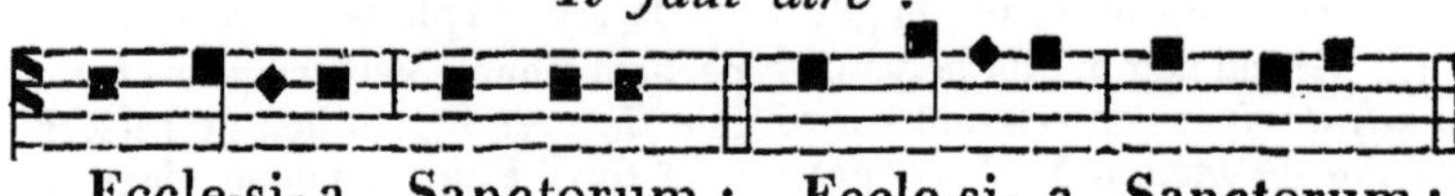

Ces trois règles sont inspirées par le bon goût; elles sont fondées sur les lois de la déclamation; elles découlent de notre principe fondamental, page 32. De quelque autre manière que l'on arrange les syllabes dans les versets cités et semblables, en s'écartant de l'une ou de l'autre de ces règles, on entrave le chant, on s'éloigne du naturel, on violente la prononciation.

Et d'abord essayons de chanter contre la seconde règle :

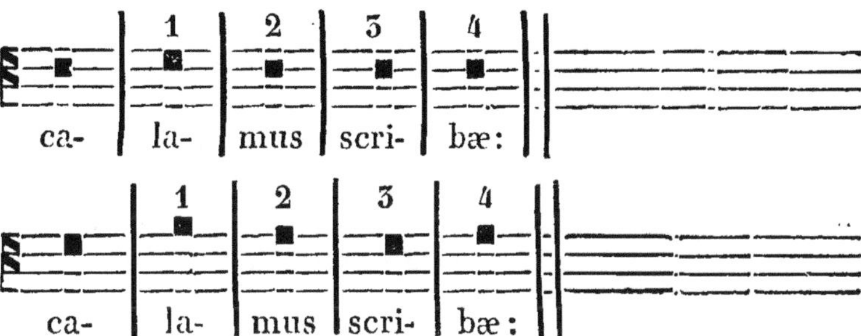

Au lieu de :

La syllabe *la,* si brève de sa nature, devient d'une longueur qu'on ne passerait pas à un élève de quatrième.

Eprouvons également contre la 3.e règle :

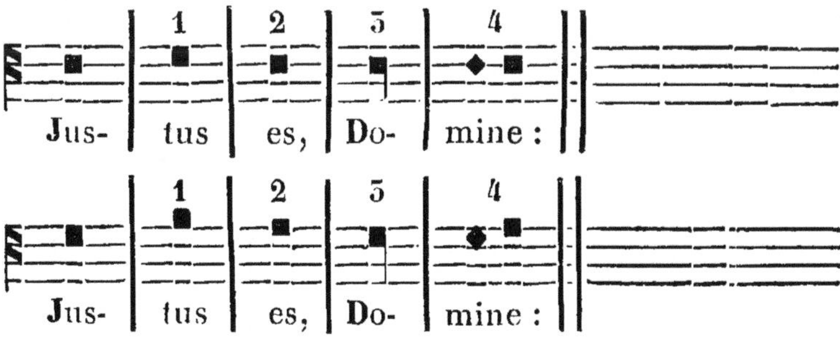

Une oreille un peu juste sent aussitôt que la quantité de *justus* est renversée; que toute la force de la voix porte sur *tus;* tandis que la déclamation appuie sur *jus,* et passe légèrement sur *tus.* Il faut donc, quoi que l'on en puisse dire :

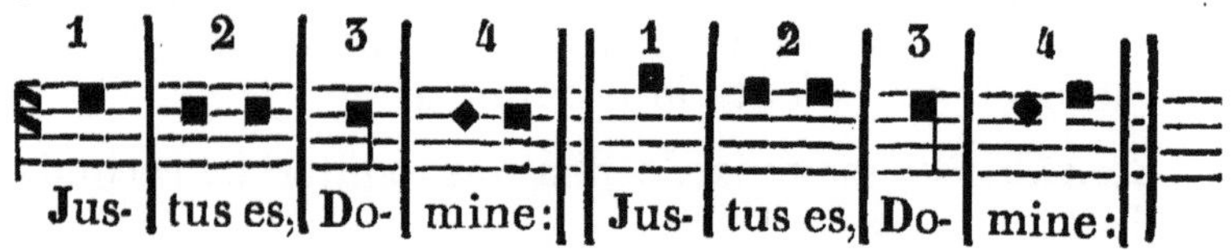

APPLICATION

De ces trois Règles à quelques autres exemples.

Premier cas. Si je rencontre dans le courant d'un Psaume un verset, tel que : *Ipse dixit, et facta sunt; Suavis es, Domine,* etc., pour le chanter conformément à nos trois règles de la médiation, je ne puis pas placer ma première bonne note sur *xit* ni sur *vis,* parce que c'est la dernière syllabe d'un mot.

Deuxième cas. Si c'est un verset tel que *Ecclesia sanctorum,* je ne puis pas même placer ma première bonne note sur *si,* parce qu'il est bref : il faut donc que je la mette sur *cle* de *Ecclesia.*

Si cette surabondance de syllabes paraissait surprenante à quelqu'un, qu'il se rappelle ces trois règles, et il verra que la seule manière de chanter cette sorte de verset est la suivante :

	1	2	3	4
Ec-	cle-	sia sanc-	to-	rum :
	di-	xit, et	fac-	ta sunt :
Laudate	Do-	minum de	cœ-	lis :

	1	2	3	4
Ec-	cle-	sia sanc-	to-	rum :
Laudate	Do-	minum de	cœ-	lis :
in	tym-	pano et	cho-	ro :

Dans tous ces versets il n'y a réellement que quatre bonnes syllabes pour la médiation. En effet on ne peut pas compter le monosyllabe *seul* à la fin, ni les brèves. Donc il n'y a plus que *cle... sanctorum : — Dom.... de cœlis : — dix..... et facta..... — tymp.... et choro :*

Quelques chantres ont introduit une exception, un changement dans la médiation des 2.e, 4.e, 5.e, 7.e et 8.e tons, lorsque la médiation se termine par un monosyllabe ou par un mot hébreu. Voici comme cela s'exécute :

Je ne sais pas trop sur quoi est fondé ce changement. Ce qui est sûr, c'est qu'il n'est aucunement nécessaire; ce qui est sûr encore, c'est qu'il est impraticable dans le 7.e ton et dans le huitième irrégulier, lorsqu'il y a deux monosyllabes de suite : on aurait bien mauvaise grace de chanter :

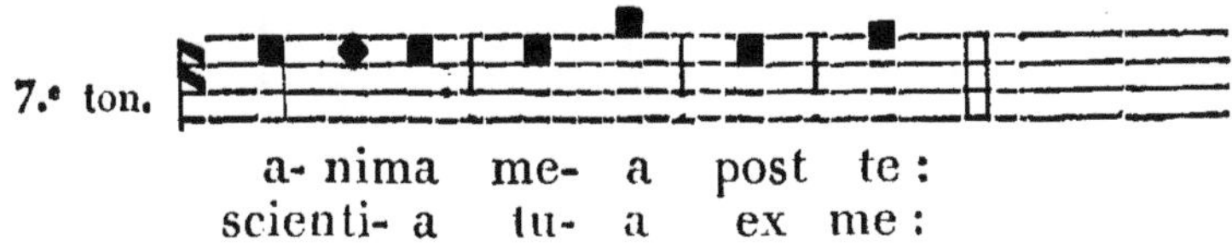

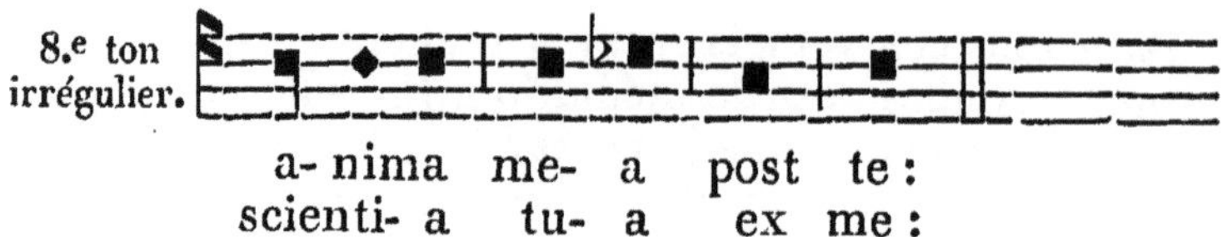

Ce que j'ai de mieux à conseiller à cet égard, c'est de ne faire aucune distinction entre les monosyllabes, les mots hébreux et les autres mots; d'autant plus que cette distinction n'est propre qu'à introduire la confusion dans le chœur. On doit tout au plus la tolérer aux 2.e, 5.e et 8.e tons, en faveur seulement du monosyllabe, jamais pour les mots hébreux, même indéclinables.

ARTICLE III.

De la Terminaison.

La *terminaison* des Psaumes est la partie la plus belle et la plus intéressante de la psalmodie. C'est elle qui demande le plus d'attention et d'exercice. Par malheur ceux-là même qui devraient le mieux s'y connaître sont bien souvent ceux qui la négligent davantage. Parce qu'ils savent bien leur chant, ils se persuadent qu'ils ne sauraient plus se tromper, ni être surpris par l'apparition subite d'une difficulté.

QUATRE RÈGLES GÉNÉRALES.

RÈGLE PREMIÈRE.

	TON.		NOTES.		SYLLABES.	
La TERMINAISON du	1	se compose de	5	placées sur	4	de la manière indiquée *p.* 74 et suiv.
	2		5		3	
	3		6		4	
	4		5		5	
	5		4		4	
	6		5		4	
	7		5		4	
	8		4		4	
	8 irr.		4		3	

Remarquez que, pour plus grande clarté, dans ces quatre règles je ne tiens pas compte des diverses terminaisons. Dès qu'une fois on connaît la première, les autres vont d'elles-mêmes.

DEUXIÈME RÈGLE.

Toutes les notes de ces diverses terminaisons sont de bonnes notes, *à l'exception de la première de la terminaison des* 1.er, 3.e, 6.e *et* 8.e *tons, et de la seconde du quatrième ton.*

TROISIÈME RÈGLE.

Dans l'application des syllabes aux bonnes notes *de ces terminaisons, il ne faut compter pour rien ni les brèves, ni le monosyllabe s'il se trouve* seul *à la fin du verset.*

QUATRIÈME RÈGLE.

Il ne faut jamais placer la dernière syllabe d'un mot sous la première bonne *note du* 5.e *et du* 7.e *ton.*

APPLICATION.

Ces quatre règles, et toutes les autres de ce genre, sont basées sur le bon goût et sur les lois de la déclamation. Le meilleur chantre, s'il s'écarte d'une seule de ces règles, fera soupçonner à une oreille délicate qu'il ignore jusqu'aux principes de la prononciation latine.

Prenons pour exemple et preuve de ceci ces deux fins de verset : *præstans parvulis* et *de thalamo suo.* Si, contre la troisième règle, je chante :

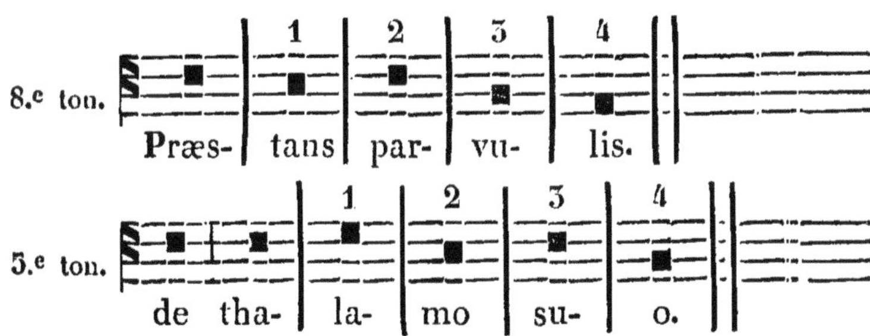

L'oreille refuse de se prêter à cet alongement des syllabes brèves *vu* et *la,* sur lesquelles on ne fait que glisser en déclamant.

Pareillement, si, contre cette même règle, on voulait compter le monosyllabe à la fin, on serait contraint d'appuyer sur la dernière syllabe d'un mot, ce qui n'est jamais permis en latin. On chanterait donc mal en appuyant sur *per :*

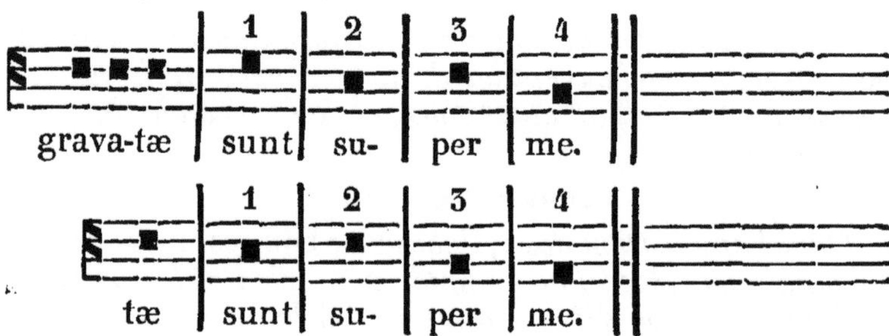

C'est pour la même raison, et pour ne pas appuyer sur *ces* dans *voces eorum*, que la 4.e règle défend de placer la dernière syllabe d'un mot sur la première bonne note de la terminaison des 5.e et 7.e tons. Ce serait une faute de chanter :

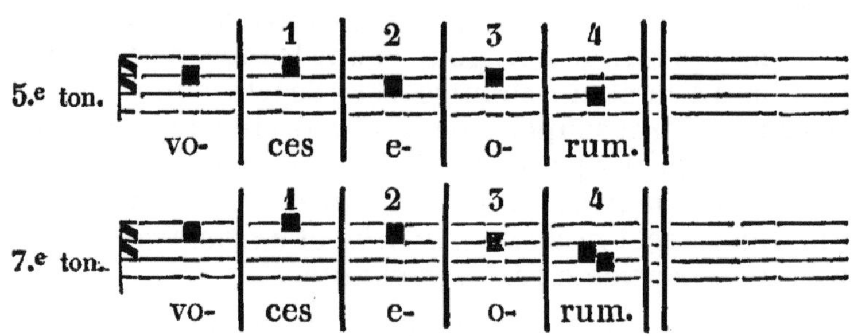

Il faudrait :

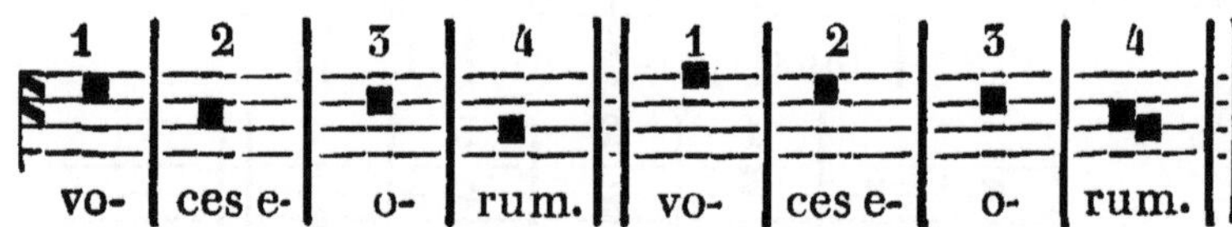

Nous avons excepté de la règle générale des bonnes notes la première note de la terminaison des 1.er, 3.e, 6.e et 8.e tons, et la seconde de la terminaison du 4.e ton. Conséquemment on peut sur ces notes placer une syllabe brève, et chanter :

1 2 3 4 1 2 3 4 5
tha- la- mo su- o. de tha- la- mo su- o.

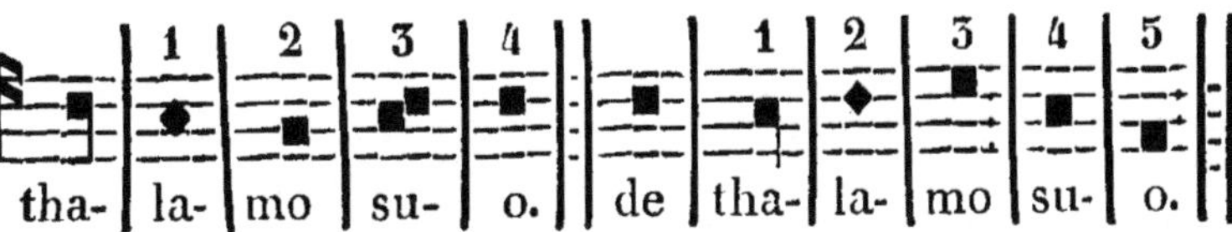

Il est bon d'avertir ici qu'il faut se mettre en garde contre quelques éditions qui renferment un assez grand nombre de fautes contraires aux règles que nous venons de tracer. J'en cite quelques-unes, que je tire de l'Antiphonaire de Liége, 1823; elles feront encore mieux sentir la justesse de mes observations:

2.e ton.

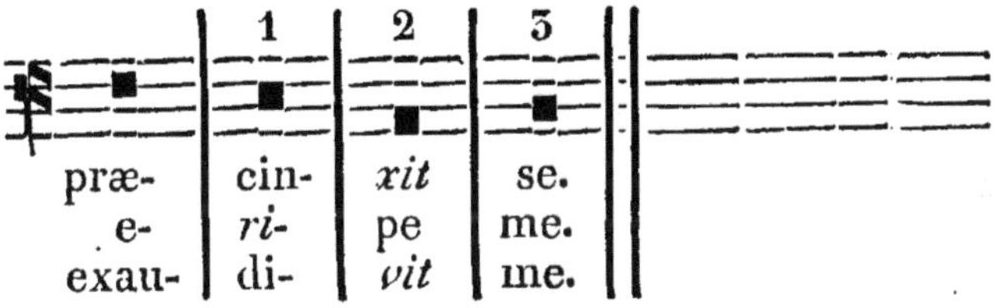
1 2 3
præ- cin- *xit* se.
e- *ri-* pe me.
exau- di- *vit* me.

4.e ton.

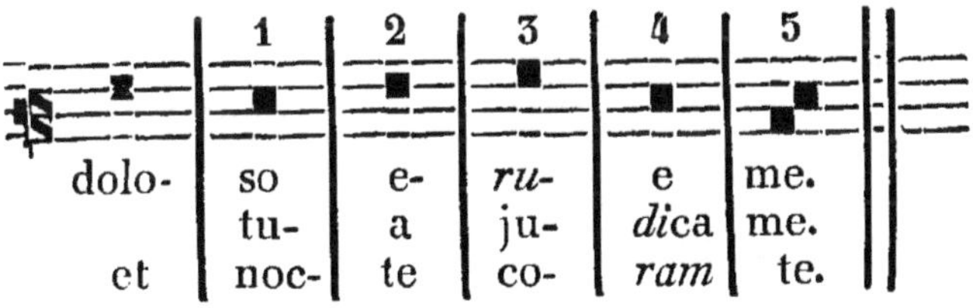
1 2 3 4 5
dolo- so e- *ru-* e me.
tu- a ju- *di*ca me.
et noc- te co- *ram* te.

5.e ton.

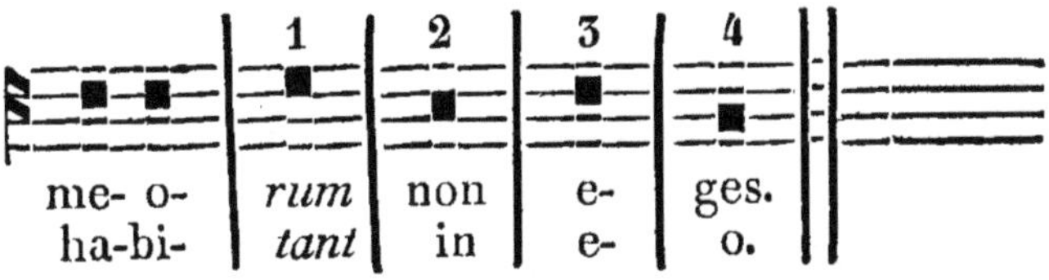
1 2 3 4
me- o- *rum* non e- ges.
ha-bi- *tant* in e- o.

8.e ton.

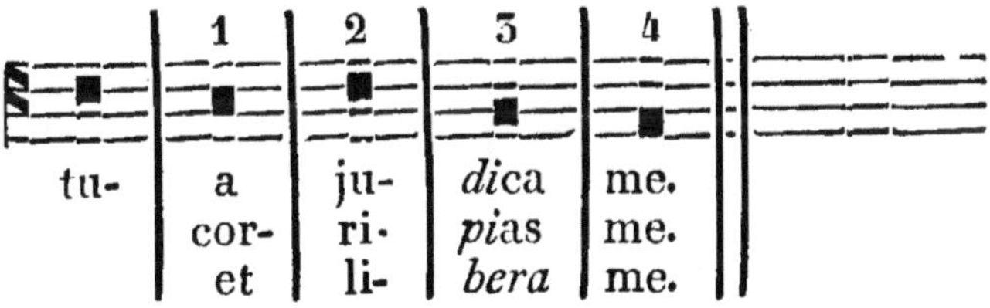
1 2 3 4
tu- a ju- *di*ca me.
cor- ri- *pi*as me.
et li- *bera* me.

1.er ton.

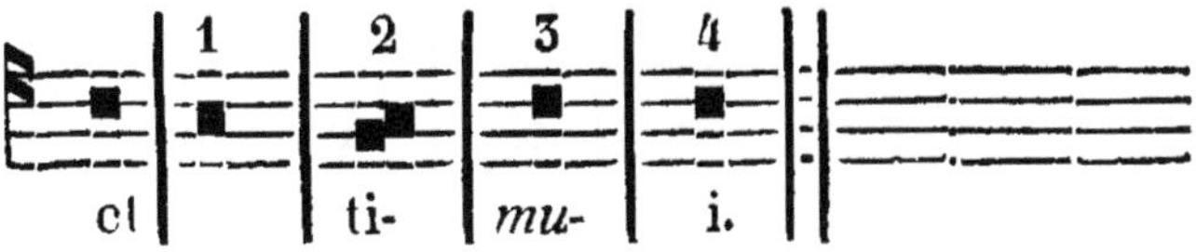
1 2 3 4
et ti- *mu-* i.

De la manière dont les syllabes se trouvent placées sous les notes dans ces exemples vicieux, il est impossible de ne pas alonger, contrairement à la saine prononciation, les syllabes *xit, ri, vit, di, ram, ru, rum, tant, pi, di, be, mu,* brèves de leur nature.

Afin de rendre plus aisée encore à l'élève de bonne volonté cette partie si intéressante de la psalmodie, voici une terminaison de chaque ton, avec plusieurs fins de verset présentant une difficulté spéciale :

TERMINAISONS DIFFICILES.

Du premier Ton.

	1	2	3	4
in justi- tia	tu-	a	li-	bera me.
ac- ce- le-	ra	ut	e-	ruas me.
dedu- ces me	et	e-	nu-	tries me.
es- cam de-	dit	ti-	men-	tibus se.
in ira tu-	a	cor-	ri-	pias me.
sed tu, Do-	mi-	ne,	us-	quequò ?
persequentibus	me,	et	li-	bera me.
po- pu- lo-	rum	cir-	cum-	dabit te.
adversùs e-	os	qui	tri-	bulant me.

Du deuxième Ton.

	1	2	3
in justitia tu-	a	libera	me.
ac- ce- le- ra	ut	eruas	me.
dedu- ces me et	e-	nutries	me.
de- dit	ti-	mentibus	se.
in i- ra tu- a	cor-	ripias	me.
sed tu, Do- mi-	ne,	usque-	quò ?
persequentibus me,	et	libera	me.
po- pu- lo- rum	cir-	cumdabit	te.
adver- sùs e- os	qui	tribulant	me.

Du troisième Ton.

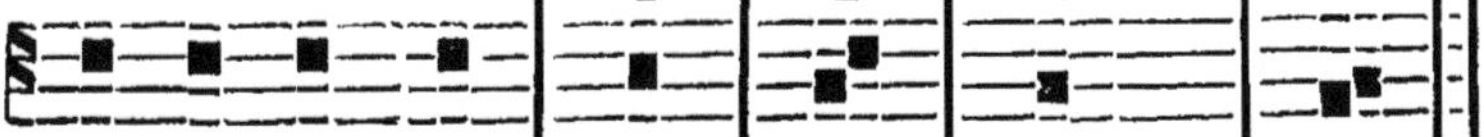

	1	2	3	4
in justiti- a	tu-	a	libera	me.
ac- ce- le-	ra	ut	eruas	me.
de- du- ces me	et	e-	nutries	me.
es-cam de-	dit	ti-	mentibus	se.
in i- ra tu-	a	cor-	ripias	me.
sed tu, Do-	mi-	ne,	usque-	quò?
persequenti- bus	me,	et	libera	me.
po- pu- lo-	rum	cir-	cumdabit	te.
ad-ver- sùs e-	os	qui	tribulant	me.

Du quatrième Ton.

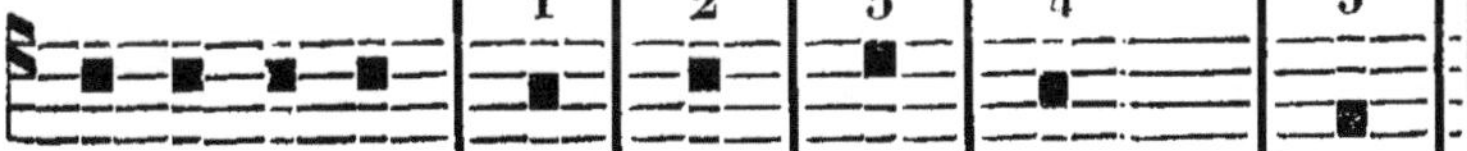

	1	2	3	4	5
in jus-ti- ti-	a	tu-	a	libera	me.
ac-ce-	le-	ra	ut	eruas	me.
de-du- ces	me	et	e-	nutries	me.
es-cam	de-	dit	ti-	mentibus	se.
in i- ra	tu-	a	cor-	ripias	me.
sed tu,	Do-	mi-	ne,	usque-	quò?
per-sequenti-	bus	me,	et	libera	me.
po- pu-	lo-	rum	cir-	cumdabit	te.
adver-sùs	e-	os	qui	tribulant	me.

Du cinquième Ton.

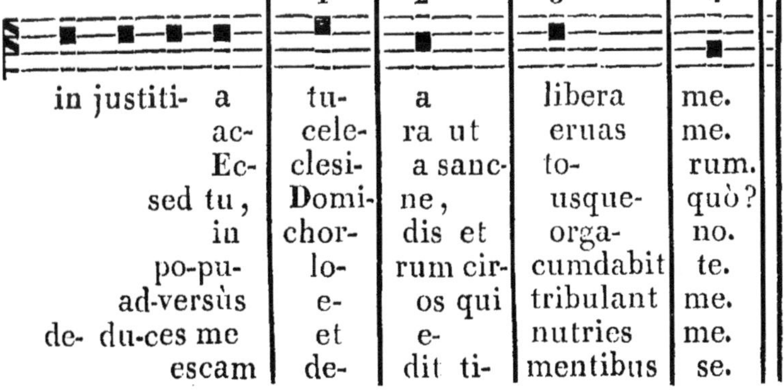

	1	2	3	4
in justiti- a	tu-	a	libera	me.
ac-	cele-	ra ut	eruas	me.
Ec-	clesi-	a sanc-	to-	rum.
sed tu,	Domi-	ne,	usque-	quò?
in	chor-	dis et	orga-	no.
po-pu-	lo-	rum cir-	cumdabit	te.
ad-versùs	e-	os qui	tribulant	me.
de- du-ces me	et	e-	nutries	me.
escam	de-	dit ti-	mentibus	se.

Du sixième Ton.

	1	2	3	4
in justiti- a	tu-	a	libera	me.
ac-ce- le-	ra	ut	eruas	me.
de- du- ces me	et	e-	nutries	me.
es-cam de-	dit	ti-	mentibus	se.
in i- ra tu-	a	cor-	ripias	me.
sed tu, Do-	mi-	ne,	usque-	quò?
po- pu- lo-	rum	cir-	cumdabit	te.

Du septième Ton.

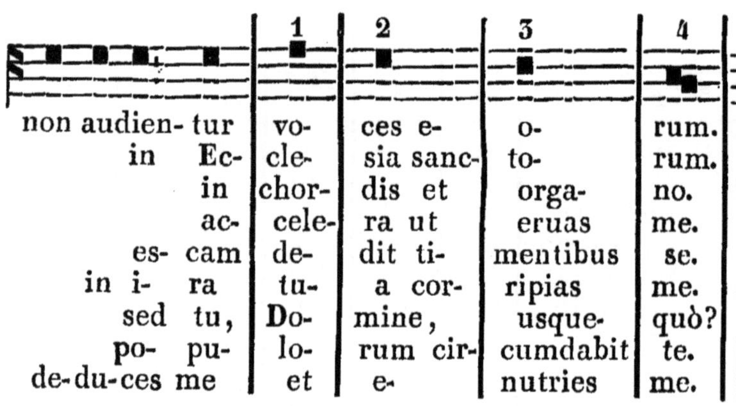

Du huitième Ton.

	1	2	3	4
in justiti- a	tu-	a	libera	me.
ac-ce- le-	ra	ut	eruas	me.
de- du- ces me	et	e-	nutries	me.
es-cam de-	dit	ti-	mentibus	se.
in i- ra tu-	a	cor-	ripias	me.
sed tu, Do-	mi-	ne,	usque-	quò?
po- pu- lo-	rum	cir-	cumdabit	te.
ad-ver- sùs e-	os	qui	tribulant	me.

Pour peu que l'on ait compris les règles de la terminaison, il est aisé de se rendre compte de la surabondance de notes et de syllabes dans tous ces exemples. En effet, que l'on retranche les brèves et les monosyllabes, on trouvera précisément le nombre de *bonnes syllabes* qui doivent correspondre aux *bonnes notes* selon les règles précitées. Qu'un seul exemple suffise pour tous les tons :

		1	2	3	4
in justiti-	a	tu-	a	lib...	ra...
acce-	le-	ra	ut	er...	as...
de- du-ces	me	et	e-	nutr...	es...
	de-	dit	ti-	ment...	bus...
po-pu-	lo-	rum	cir-	cumd...	bit...
	Do-	mi-	ne,	usq...	quò?

Si quelqu'un trouvait à redire à cette manière de terminer, je le prie de considérer que ce n'est ni au premier, ni au second essai qu'on en peut juger, surtout quand depuis long-temps on a contracté une habitude contraire. Que l'on éprouve une dizaine de fois de suite, sans prévention, de chanter comme je viens de noter, sans gêne, et d'une manière grave et coulante : on sera convaincu non-seulement que c'est la meilleure manière de terminer, mais encore qu'il est impossible de le faire de toute autre façon sans détruire la quantité des syllabes.

Il ne nous reste plus qu'à parler des fins de verset qui n'ont pas le nombre de bonnes syllabes qui doivent entrer dans la *terminaison*, comme *et timui*, — *supervacuè*, et semblables. La seule manière convenable de les chanter, c'est de retrancher de la terminaison autant des premières bonnes notes qu'il manque de bonnes syllabes qui devraient y correspondre. Qu'un exemple rende ceci plus intelligible :

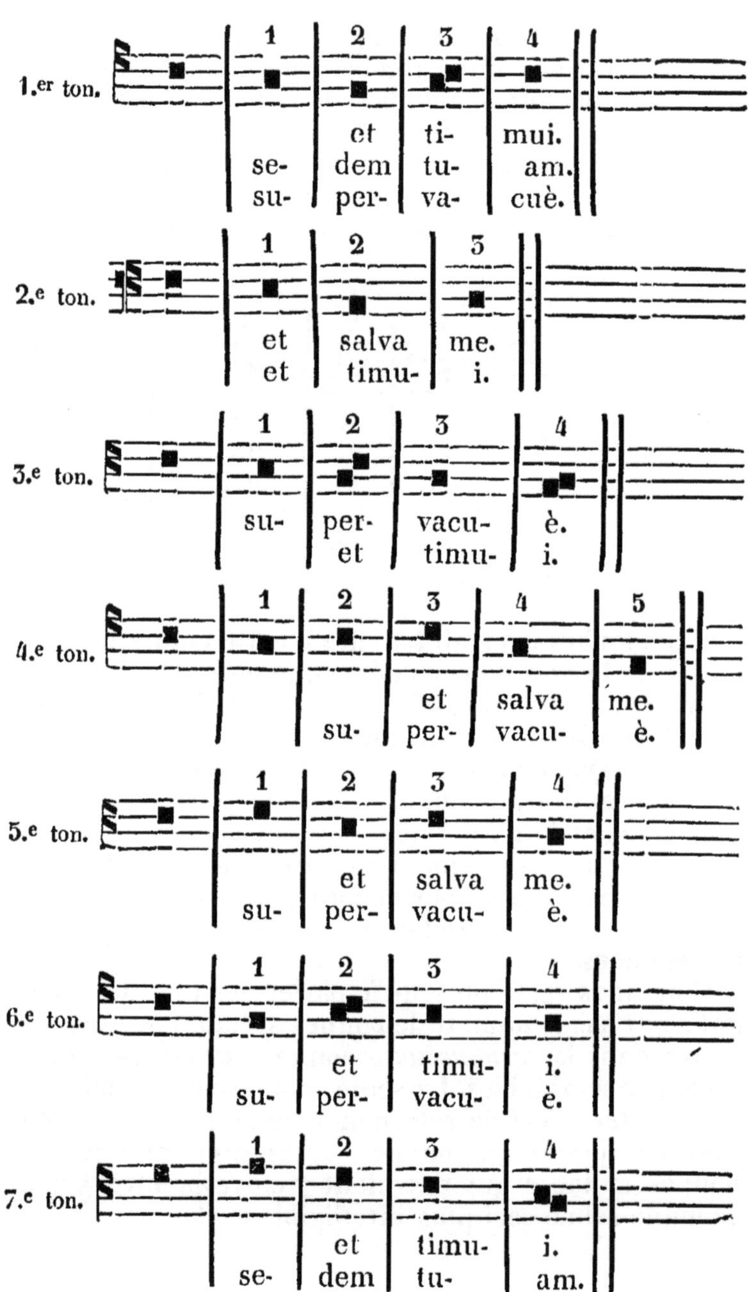
1.er ton.
1 2 3 4
se- su-
et dem per-
ti- tu- va-
mui. am. cuè.
2.e ton.
1 2 3
et et
salva timu-
me. i.
3.e ton.
1 2 3 4
su-
per- et
vacu- timu-
è. i.
4.e ton.
1 2 3 4 5
su-
et per-
salva vacu-
me. è.
5.e ton.
1 2 3 4
su-
et per-
salva vacu-
me. è.
6.e ton.
1 2 3 4
su-
et per-
timu- vacu-
i. è.
7.e ton.
1 2 3 4
se-
et dem
timu- tu-
i. am.

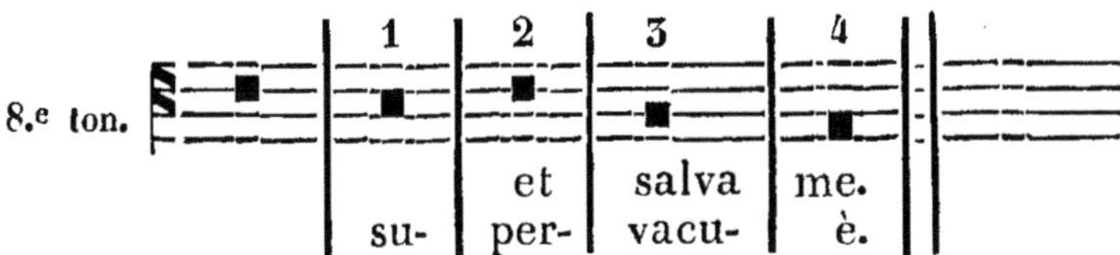

Comme on a dû le remarquer pages 74 et suivantes, aux modèles des huit tons, les 1.er, 3.e, 4.e, 7.e et 8.e tons se terminent de plusieurs manières. Ces différentes terminaisons se rapportent à la manière dont commence l'Antienne qui doit amener le Psaume.

Dans le premier ton, on termine de la première façon lorsque l'Antienne, en commençant, va droit au *la;* et de la deuxième lorsque, commençant par le *ré* d'en bas, elle tombe en *ut,* sans remonter aussitôt jusqu'au *sol* ou au *la.*

Dans le troisième ton, on termine de la première manière lorsque l'Antienne commence par *mi, ré, sol, la, ut;* et de la seconde lorsqu'elle commence par *la, ut.*

Dans le quatrième ton, on emploie la première terminaison lorsque l'Antienne commence par *ré, mi, sol, la;* et la seconde lorsqu'elle commence par *mi, sol, la, sol, sol, la.*

Dans le septième ton, on termine de la première façon si l'Antienne, commençant au *sol* d'en bas, va par degrés à la dominante; de la seconde façon si au contraire l'Antienne va du *sol* au *ré* sans degrés; de la troisième façon si l'Antienne commence par sa dominante *ré;* enfin de la quatrième et de la cinquième façon si l'Antienne commence par *si.*

On n'emploie la deuxième terminaison du huitième ton que lorsque l'Antienne commence par sa dominante *ut.*

ARTICLE IV.

Des Repos.

Pour que la psalmodie soit exécutée avec toute la majesté convenable au culte divin, il est essentiel que tout le chœur s'entende, et s'étudie à prononcer ensemble les mêmes mots, les mêmes syllabes, et à ménager simultanément divers *repos* à différens endroits de chaque verset. S'il en était autrement, l'auditeur perdrait absolument le sens des paroles. Il ne percevrait qu'un bourdonnement confus.

Dans la première partie, page 44, nous avons parlé du *grand* et du *petit repos.* Dans la psalmodie le *grand repos* se place à la *médiation* et à la *terminaison* de chaque verset. Le *petit repos* se place dans le courant de chaque moitié de verset, une ou deux fois, selon qu'elle est plus ou moins longue. Voici un exemple qui renferme tous ces différens *repos,* indiqués, les grands par la double barre, les petits par la grande barre simple. Ces repos se prolongent plus ou moins, selon le degré de solennité :

Nous avons dit, page 44, que les repos sont comme la ponctuation du chant. Ils représentent le point, les deux points, le point et virgule, la virgule ou à peu près : d'où il s'ensuit que celui qui placerait un repos entre deux mots qui ont ensemble une connexion nécessaire commettrait une aussi grande faute que celui qui, en lisant ou en déclamant, donnerait l'inflexion de voix du point, de la virgule, etc., entre la préposition et son régime, le substantif et son adjectif, etc. Il serait donc impardonnable de chanter, comme je l'ai entendu bien des fois :

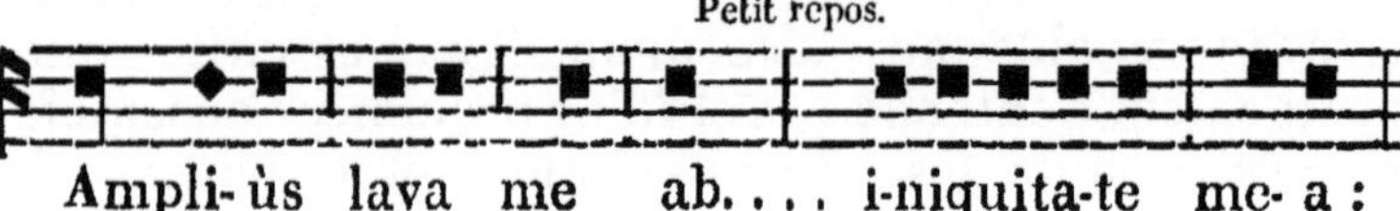

Observez bien que le repos de la terminaison doit être tel, que le second chœur ne commence un verset que dans le silence du premier.

ARTICLE V.

Du Magnificat *et du* Benedictus.

Quoique les huit tons de ces deux Cantiques soient foncièrement les mêmes que ceux des Psaumes, ils contiennent à l'*intonation* et à la *médiation* une espèce d'embellissement en forme de variation, tellement considérable, qu'il est absolument nécessaire de les noter ici (1).

Les huit Tons de Magnificat *et* Benedictus.

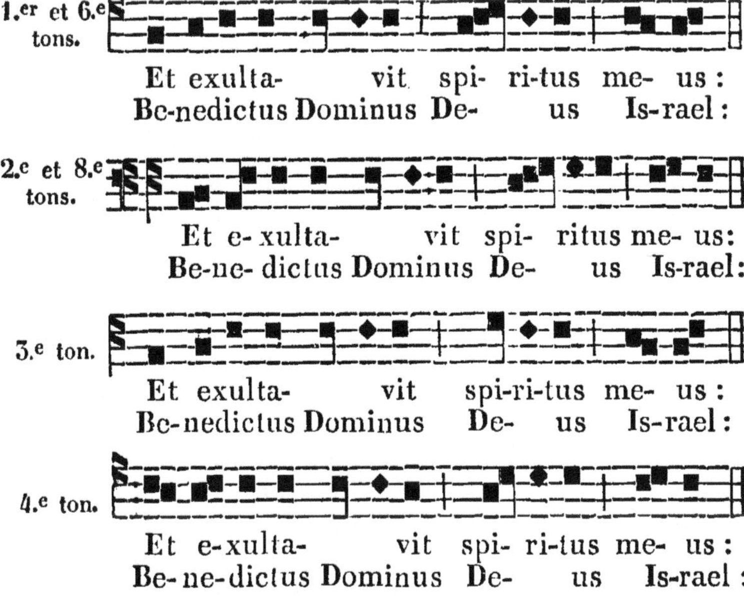

(1) Il est inutile de noter le mot *Magnificat*. Il est trop court pour pouvoir embrasser les deux inflexions de l'*intonation* et de la *médiation*. Il ne prend que l'inflexion de l'*intonation* : au premier verset du *Magnificat* il n'y a pas de *médiation*.

7.e ton.

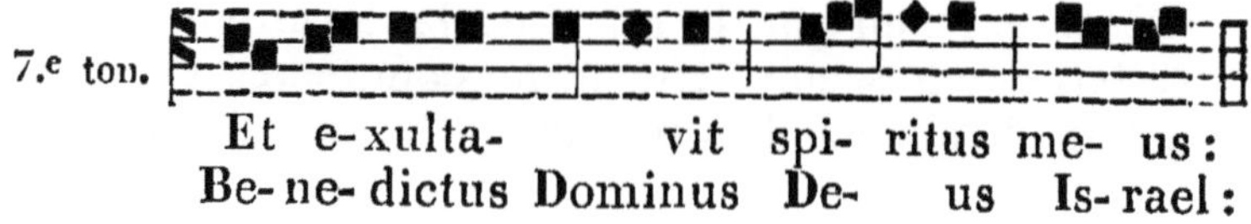

Le cinquième ton de *Magnificat* et *Benedictus* est en tout semblable au cinquième ton des Psaumes.

Remarquez, 1.° que *Magnificat* et *Benedictus* se chantent exactement l'un comme l'autre; 2.° que l'intonation et la médiation du premier ton est la même que celle du sixième; pareillement les deuxième et huitième tons ont la même intonation et médiation; 3.° que la deuxième partie de chaque verset, je veux dire la deuxième moitié du verset, depuis la médiation jusqu'à la terminaison, se chante absolument comme aux Psaumes. C'est à tort que, dans certaines éditions, on a ajouté plusieurs notes d'agrément. La seule variation de bon goût et généralement admise se trouve au quatrième ton, que l'on chante très-bien ainsi:

Dans un assez grand nombre de paroisses, surtout à la campagne, *Magnificat* et *Benedictus* se chantent solennellement d'un bout à l'autre, quelle que soit d'ailleurs la qualité de l'office. On doit les chanter de trois manières différentes, selon que l'office est double, semi-double, ou simple.

1.° Lorsque l'office est au moins double, l'intonation et la médiation solennelles du premier verset se conservent dans tous les autres versets jusqu'à la fin.

2.° Lorsque l'office est semi-double, le premier verset seulement se chante au solennel. On chante tous les autres versets comme ceux des Psaumes, droit sur la dominante. Cette deuxième manière s'observe quand on chante le grand office des morts.

3.° Dans l'office simple de la Férie ou dans le petit office des morts, on chante même le premier verset droit sur la dominante, comme on fait les Psaumes en pareil cas.

Nunc dimittis s'entonne droit sur la dominante; mais il a la médiation du troisième ton de *Magnificat*.

CHAPITRE IV.

DES AUTRES PARTIES DE L'OFFICE DIVIN.

Bien des fois il m'est arrivé d'entendre de jeunes lévites qui, avec la meilleure connaissance de la langue latine, avec la plus grande aptitude pour le chant et la déclamation, laissaient échapper des fautes considérables contre la quantité des syllabes dans le chant de l'Epître, de l'Evangile, de la Passion, etc. Cela provient indubitablement de ce qu'ils croient que cette sorte de chant est si naturelle et si facile, que pour y réussir il suffit d'avoir des yeux, une voix et de l'oreille. Cette persuasion ne leur permet pas même de songer à prévoir quelque peu ce qu'ils ont à chanter en ce genre.

Le chant de ces différentes parties de l'office divin est d'autant plus touchant qu'il est plus simple; mais il n'est véritablement touchant que lorsqu'il est bien exécuté. C'est s'exposer à lui faire perdre toute son onction, que de chanter sans prévoir, même quand on a bien étudié les principes du chant. Il s'en faut bien que ce chant soit exempt de difficultés: on pourra s'en convaincre par la lecture de ce chapitre, où nous passons en revue les différentes parties de l'office divin.

ARTICLE PREMIER.

Du Gloria *et des Oraisons.*

Je ne parle ici que de l'*intonation* du *Gloria* par le Célébrant. Le reste s'exécute selon les règles ordinaires. Ce que je dis du *Gloria* doit s'appliquer au *Credo*.

Rien ne produit un effet plus désagréable que d'entonner un *Gloria* que le chœur ne puisse pas reprendre sur le même ton. Il est donc à désirer que le Célébrant commence le *Gloria* dans le ton du chœur.

Lorsqu'il y a un serpentiste au chœur, il donne le ton au Célébrant; et pour lors il ne s'agit plus pour celui-ci que d'avoir l'oreille attentive pour saisir ce ton. Quand il n'y a pas de serpentiste, si le chœur est bien au fait, et qu'il ait chanté le *Kyrie* dans un ton convenable, le Célébrant doit bien retenir la dominante du *Kyrie* que le chœur finit, et y ajuster la dominante du *Gloria,* en décomptant jusqu'à la note qui commence l'intonation.

Pour connaître sûrement quelle est la dominante du *Gloria* que l'on doit entonner, il faut avoir consulté une certaine portion du chant de ce *Gloria.* On ne peut donc pas se fier au peu de notes qui s'en trouvent marquées dans les Missels: elles sont en trop petit nombre pour déterminer la nature du chant. On ferait bien d'examiner les différens tons dans un Graduel, et de placer, aux intonations du Missel, un petit guidon sur le degré de chaque dominante.

Le chant de l'*Oraison* est, selon l'office, *simple* ou *solennel.* Le chant de l'*Oraison simple* diffère presque entièrement du chant de l'*Oraison solennelle :* peu d'Ecclésiastiques font attention à cette différence. Voici des modèles de l'une et de l'autre Oraisons.

CHANT DE L'ORAISON SOLENNELLE.

Dominus vobiscum. Ore- mus. De- us, qui... me-

Aux deux points.

	1	2	3	4	
mori- am	re-	li-	quis-	ti :	tribu-e.... ut... ju-

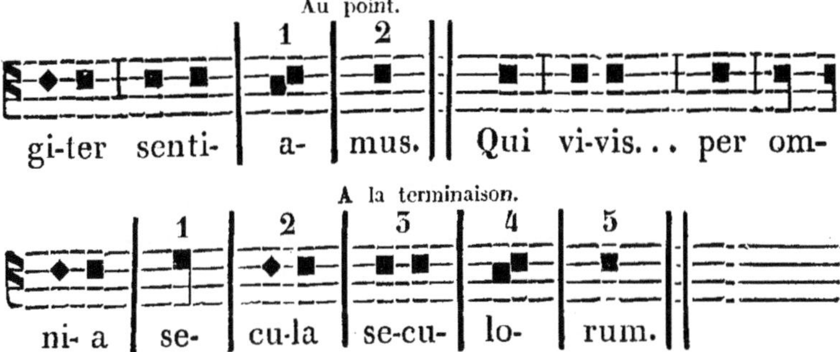

RÈGLES GÉNÉRALES DE CE MODÈLE.

1.° Aux deux points et au point et virgule l'inflexion est composée de quatre notes sur quatre syllabes. 2.° Au point l'inflexion se compose de trois notes sur deux syllabes. 3.° A la terminaison l'inflexion contient six notes sur cinq syllabes. 4.° Toutes les notes de ces inflexions sont de bonnes notes, hormis la première des deux points. On ne peut donc pas leur appliquer une syllabe brève. 5.° Le monosyllabe n'est compté pour rien lorsqu'il se trouve *seul* à la fin de l'une ou de l'autre de ces trois inflexions. 6.° En terminant l'Oraison, on ne peut pas élever sur la dernière syllabe d'un mot. Ces six règles sont basées sur notre grand principe fondamental, page 32.

C'est donc à tort que l'on se permet parfois de terminer :

Si je lis à haute voix ces mêmes paroles, tout naturellement et sans y songer, j'appuie sur *se* de *secula*, et non sur *om* de *omnia*. Pourquoi ne ferais-je pas de même en chantant?

CHANT DE L'ORAISON SIMPLE.

A la terminaison.

per omni- a secu-la seculorum.

Quelques Prêtres chantent *Dominus vobiscum* et *Oremus* comme le point.

Dominus vobiscum. O-remus.

La manière indiquée dans notre modèle me paraît préférable, d'abord parce qu'au commencement de l'Evangile on chante mieux *Dominus vobiscum* droit sur la dominante jusqu'à la fin ; ensuite parce que *Oremus*, à l'Offertoire, qui n'est pas suivi d'une Oraison, fait meilleur effet en finissant par *ut*. Pareillement *Oremus* au commencement de l'Oraison dominicale de la férie, qui doit se chanter comme *Oremus* à l'Oraison, cadrerait mal avec le chant du *Pater*.

On voit, par le modèle, que l'Oraison de la férie n'a que trois notes aux deux points, et partout ailleurs qu'une seule.

On chante sur le ton de *l'Oraison simple* les Oraisons des Commendaces et des Absoutes. C'est par erreur que quelques Ecclésiastiques donnent aux diverses ponctuations de ces Oraisons les inflexions propres au chant des Leçons.

Remarquez généralement, pour l'Oraison *simple* comme pour la *solennelle*, que si elle était fort courte, il faudrait tâcher d'y placer l'inflexion des deux points à l'endroit qui en est le plus susceptible, pour éviter la monotonie. Par exemple, dans la Post-Communion du 2.e Dimanche après la Pentecôte, on peut placer deux points après *muneribus sacris*, quoique la ponctuation ne l'exige pas. Il faut prendre garde pourtant de ne jamais placer cette inflexion des deux points entre deux mots qui ont ensemble une connexion, quand même les deux points s'y trouveraient marqués par méprise. Ainsi dans l'Oraison du XXII Dimanche après la Pentecôte, il serait inconvenant de placer l'inflexion des deux points entre *pietatis et præsta :* et *ut quod fideliter.* Il faudrait la placer ou après *et virtus :* ou après *petimus.*

ARTICLE II.

De l'Epître.

Le Sous-Diacre pour l'Epître, aussi bien que le Diacre pour l'Evangile, doit, autant que sa voix le comporte, prendre la dominante du chœur. On fait si peu d'attention à cette règle, et l'on est si habitué d'entendre chanter l'Oraison, l'Epître et l'Evangile sur trois tons différens, que l'on se persuade que c'est une nécessité. Aussi quelques Prêtres, lorsqu'ils célèbrent seuls, chantent l'Oraison sur un ton, l'Epître sur un ton différent, et l'Evangile sur un autre ton encore. C'est s'efforcer bien inutilement de faire croire aux oreilles, détrompées par les yeux, qu'il y a trois Prêtres à l'autel.

MODÈLE DE L'ÉPITRE (1).

Lecti- o	....	ad	Ro-	ma-	nos.
	........A-	pos-	toli ad	Gala-	tas.
	... ad Thes-	sa-	loni-	cen-	ses.
	.......Ja-	co-	bi A-	posto-	li.
	....	Li-	bri	Gene-	sis.
		Lec-	tio	libri	Job.

(1) Lorsqu'il y a à la Messe plusieurs Epîtres, la dernière seule se chante selon ce modèle. Toutes les autres se chantent sur le ton des prophéties ou leçons. (Voyez, ci-après, art. V.)

RÈGLES GÉNÉRALES.

1.° Aux deux points il faut quatre notes sur quatre syllabes. Les deux points de l'Oraison, de l'Epître et de l'Evangile sont en tout les mêmes. 2.° Au point il faut aussi quatre notes sur quatre syllabes. Observez cependant que la première de ces quatre syllabes commence par anticipation sur la dominante, et qu'il en est comme si elle avait deux notes. 3.° Au point d'interrogation il faut quatre notes sur trois syllabes, à compter seulement depuis l'écart du *si*. 4.° A la terminaison ou point final il faut cinq notes sur quatre syllabes. 5.° Toutes les notes de ces diverses inflexions sont de bonnes notes, à l'exception de la première des deux points et de l'interrogation. Elles ne comportent donc point une syllabe brève. 6.° Dans l'application des syllabes à ces différentes notes on suit, par analogie, les mêmes règles que dans la Psalmodie, page 79. Quelques exemples rendront ceci plus sensible. J'ai choisi les passages qui offrent une difficulté spéciale, pour donner plus d'aisance à l'élève.

Pour les deux points.

	1	2	3	4
ni- hil e- nim	mi-	hi	conscius	sum :
om-ni- bus	qui	sunt	inter	vos :
qui ig- no-	ti	et	cogni-	ti :
quem le-	ge-	bat	erat	hic :
spes, cha-	ri-	tas,	tria	hæc :

Pour le point.

	1	2	3	4
nec cre-dunt in	quo	et	positi	sunt.
qui au- tem	ju-	dicat me	Dominus	est.
ha-	be-	bant hu-	jus-mo-	di.
da- bo	vo-	bis cor	carne-	um.
ad- versùs hu-	jus-	modi	non est	lex.
ip- se	re-	probus ef-	fici-	ar.
in di- e sa-	lu-	tis ad-	juvi	te.

De quelque manière que l'on s'y prenne pour chanter ces passages, si l'on s'écarte des notes indiquées, la prononciation est gênée, la quantité des syllabes sacrifiée.

Il est aisé de se rendre compte de la surabondance de syllabes qui se rencontre dans le chant de cette sorte de passages. En effet, si je ne puis compter pour rien, ni les brèves, ni le monosyllabe *seul à la fin ;* si de plus je ne puis relever sur la dernière syllabe d'un mot, il s'ensuit que dans toutes ces phrases je ne trouve plus que le nombre de bonnes syllabes exigé selon la règle : *salo. . . censes — cob. . . apost. . . li — mihi cons. . . us. . . . —jud. . . cat. . . Dom. . . nus. . . —jusm. . . di. . . non... lex.*

Remarquez que lorsque le membre de phrase ne renferme pas assez de bonnes syllabes pour former l'inflexion entière, on doit se conduire comme dans la terminaison des Psaumes en pareil cas, page 91. Ainsi, pour former les deux points avec *Et ait : Et iterùm : Et : etc.*, comme aussi pour le point *Absit.* on retranche les premières notes de l'inflexion, et l'on chante :

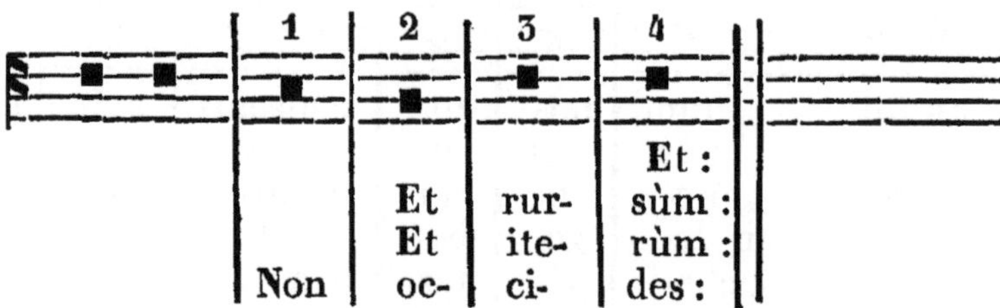

Pour cette seule syllabe *Et:* il ne faut pas oublier de la prolonger comme la dernière de *rursùm.*

Quant au point *Absit.* il me semble qu'on aurait bien mauvaise grace d'y mettre toutes les notes de l'inflexion, et de dire :

Le mieux sera donc de dire tout simplement, mais toujours en prolongeant:

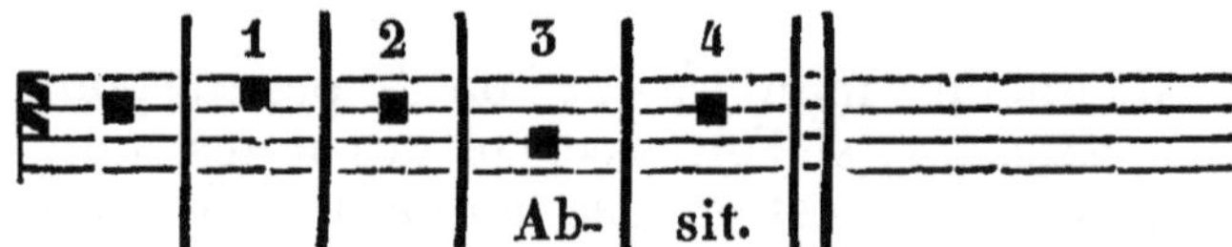

Aussi bien, de quelque manière que l'on chante ce mot, il paraît toujours un peu irrégulier.

ARTICLE III.

De l'Evangile.

La première observation à faire en commençant cet article, c'est qu'il faut éviter la faute bien commune, de placer l'inflexion des deux points vers le milieu du titre de l'Evangile, de cette manière:

Il faut chanter droit sur la dominante jusqu'à l'inflexion du point *Matthæum.*

MODÈLE DE L'ÉVANGILE.

(1) Dans quelques paroisses de l'ancien diocèse d'Ypres, la chute du point est adoucie par deux petites notes intercalées, de cette façon :

Il vaut mieux, au moins pour les jeunes élèves, prendre et conserver le ton du séminaire.

RÈGLES GÉNÉRALES.

1.° L'inflexion des deux points et du point d'interrogation est dans l'Evangile comme dans l'Epître. 2.° A l'inflexion du point il faut deux bonnes notes sur deux bonnes syllabes. Observez, comme au point de l'Epître, que la première syllabe tient par anticipation une note de la dominante. 3.° Pour la terminaison ou point final il faut huit bonnes notes sur quatre bonnes syllabes. 4.° Lorsqu'après l'inflexion du point ordinaire ou du monosyllabe au point on veut passer à la phrase suivante qui n'est pas une interrogation, on chante *la, ut,* pour former une espèce de liaison dans le chant. On omet cependant ce *la* lorsqu'il n'y a pas assez de syllabes pour former toute l'inflexion après ce *la,* comme dans *In illo tempore.*

Remarquez bien qu'on ne doit jamais pratiquer ce *la, ut* dans le chant de l'Epître, parce que toutes ses inflexions se terminent par la dominante.

La troisième règle générale du modèle de l'Evangile dit qu'il faut pour la terminaison huit bonnes notes sur quatre bonnes syllabes. Pour terminer correctement, on ne doit compter ni les syllabes brèves, ni le monosyllabe *seul* à la fin. Voici trois exemples qui peuvent présenter quelque difficulté.

	1	2	3	4
pe-	jo-	ra pri-	o-	ribus.
à	mor-	tuis re-	sur-	gat.
in	pa-	ti-	en-	tia.

Aux Messes votives des Féries et des Morts,

le chant de l'Epître et de l'Evangile est le même à peu près qu'au solennel. Voici en quoi il diffère : 1.° On commence toujours droit sur la dominante. 2.° On chante *Dominus vobiscum* comme pour l'Oraison de la Férie. 3.° On omet à l'Evangile le *la, ut* qui sert de liaison. 4.° On retranche la première note de l'inflexion des deux points.

Observations particulières pour le chant de l'Evangile.

1.° Presque tous les Diacres chantent *Dixit Jesus... parabolam hanc:* avec l'inflexion du monosyllabe au point. Il est certain néanmoins qu'il n'y a là que deux points, puisque c'est une citation. Il faut donc, en conséquence de nos principes, chanter deux points... *is parab.... lam....*

1 2 3 4

Discipu-lis su- is pa- rabolam hanc:

2.° On est assez généralement dans l'usage de donner l'inflexion du monosyllabe au point, aux mots hébreux, même quand ils sont déclinés. Je dis ici, comme j'ai dit pour la médiation des Psaumes, page 83, qu'il ne faut pas leur donner cette inflexion, même quand ils sont indéclinables, à moins qu'ils ne soient monosyllabes. Cette distinction n'est fondée sur rien: il faut toujours leur donner l'inflexion du point ordinaire.

3.° Dans l'Evangile *Initium* de S. Matthieu il se trouve un point tous les trois mots. Cette inflexion du point, répétée trop souvent, et sans interruption, deviendrait monotone et fastidieuse. On peut y remédier en donnant à un certain nombre de ces points l'inflexion des deux points, de la manière suivante:

... fi-li- i A-braham. Abraham genu-it I-sa- ac.

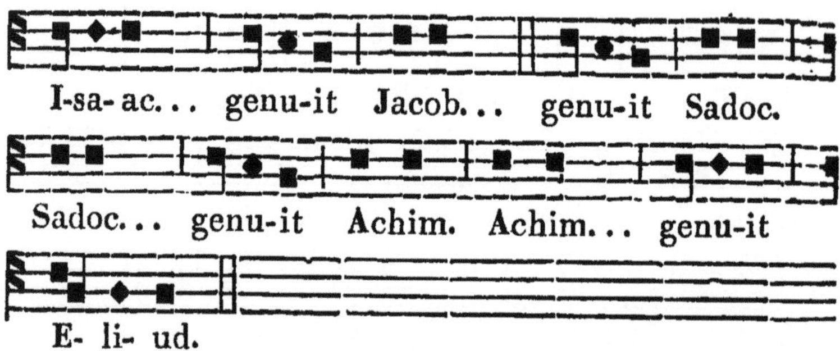

Par la même raison, dans les phrases courtes, comme *Vendite quæ possidetis, et date eleemosinam.* quoique la ponctuation ne l'exige pas, on place l'inflexion des deux points après *possidetis.*

4.° L'interrogation (qui se fait sur le *si*) fatigue l'oreille quand elle est trop longue, comme dans l'Evangile: *Quis enim ex vobis.....* Luc., XIV, d'un Martyr Pontife, et dans celui des Rogations. On peut faire disparaître cette longueur dans le premier cas en plaçant le point d'interrogation après *ad perficiendum?* et en chantant la suite de la phrase *ne posteaquàm* sur le ton de la narration.

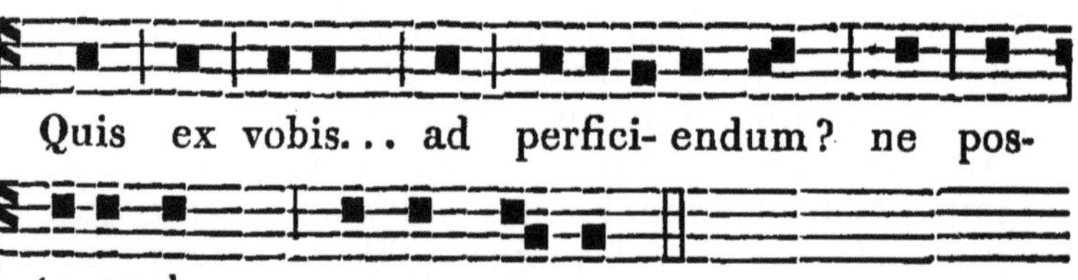

Ceci s'accorde d'ailleurs assez bien avec la ponctuation de la phrase suivante *Aut quis.....*, où l'interrogation finit à *ad se?*

Dans le second cas on termine l'interrogation à *et dicet illi?* ou même on n'en fait pas du tout, et l'on chante tout sur le ton de la narration.

5.° Par la raison apportée dans l'observation précédente, il est à propos de raccourcir, autant que faire se peut, l'interrogation, partout où elle se trouve. Ainsi lorsque la phrase est composée de deux membres, comme *Quinquaginta annos nondùm habes, et Abraham vidisti?* au Dimanche de la Passion, et semblables, on chante le premier membre sur le ton de la narration, avec l'inflexion des deux points, et l'on commence l'interrogation au deuxième membre :

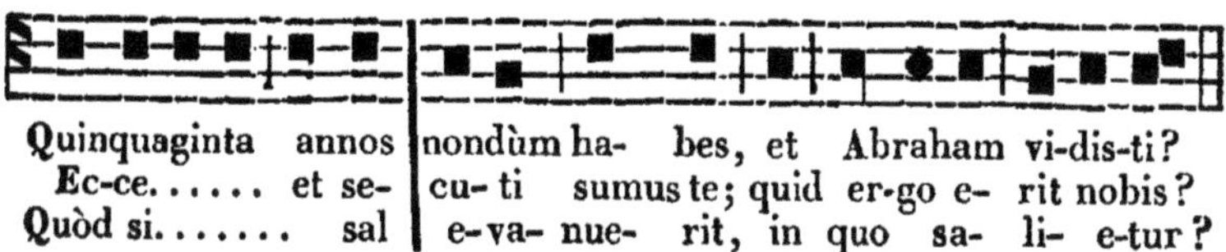

Cette observation s'applique encore à *Si enim sanguis hircorum.... quantò magis....?* dans l'Epître.

6.° L'interrogation *Quæ?* à l'Evangile du Lundi de Pâques, et dans celui de S. Jérôme-Æmilien, embarrasse presque toujours le Diacre qui doit la chanter. Si l'on se rappelle le principe admis déja deux fois, on chantera, en retranchant les notes auxquelles il manque des syllabes :

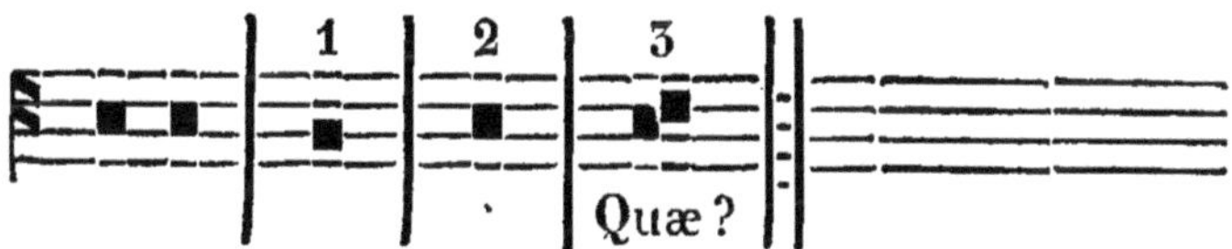

7.° L'Evangile du 4.e Dimanche après l'Epiphanie et des Rogations se termine par une interrogation. Il serait singulier de terminer le chant de l'Evangile par une interrogation ordinaire; et d'un autre côté, il me semble naturel de faire au moins sentir cette interrogation. C'est ce qui m'a fait adopter, en pareil cas, une manière de terminer où la terminaison se trouve comme fondue avec l'interrogation. La voici :

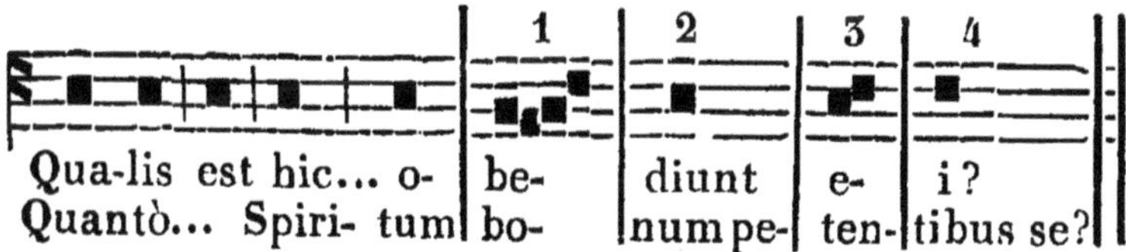

ARTICLE IV.

De la Passion.

Le chant de la Passion, aux offices de la semaine sainte, inspire une dévotion tout extraordinaire quand il est bien rendu. Par malheur cette Passion se chante le plus souvent d'après une certaine routine, rarement pure, qu'on se transmet et que l'on reçoit sans aucun examen, sans jamais faire aucune recherche pour s'assurer si le ton que l'on a adopté est fondé sur le bon goût, et conforme aux principes. A dire vrai, ceux-là même qui voudraient se livrer à des recherches à cet égard n'ont guère d'autres ressources que quelques vieux manuscrits, dans lesquels se trouvent à la vérité les notes fondamentales des différentes inflexions; mais ces notes s'y trouvent continuellement hors de leur véritable lieu, et les quantités y sont bien peu respectées.

J'ai parcouru, à plusieurs reprises et avec la plus grande attention, plusieurs de ces manuscrits. J'en ai extrait les inflexions les plus régulières, que j'ai comparées les unes avec les autres; et, consultant toujours notre grand principe, la saine déclamation, j'ai assigné leur véritable place aux notes fondamentales, en mettant sous les *bonnes notes* les syllabes *longues,* qui doivent porter toute la force de la voix. Voici au résumé une manière de chanter la Passion qui me paraît de toutes la plus pure et la plus coulante.

MODÈLE DU CHANT DE LA PASSION.

L'Historien.

La partie de l'Historien est la plus aisée des trois, parce qu'elle ne contient qu'un très-petit nombre d'inflexions, que voici :

Passi- o Domi-ni... secundùm Matthæ- um.

Pour donner le ton au Célébrant.

Pour donner le ton à la Synagogue.

Pour terminer.

emi- sit spi- ri- tum.
tra-di-dit spi- ri- tum.

Ces derniers mots se chantent plus lentement, et d'un ton lugubre.

La Synagogue.

La partie de la Synagogue est la plus brillante, la plus animée et la plus variée. Aussi elle demande plus d'habileté et d'attention. Il faut, pour y bien réussir, une voix juste, claire, un peu éclatante et élevée. Cette partie demande un mouvement un peu animé.

Deux points.
(Historien. Dicebant autem:) Non in di- e festo,
Le point.
1 2 3
ne fortè tumultus fi- e-ret in po- pu-lo.
Interrogation.
1 2 3 4
Ut quid per- di-ti- o hæc? Potu- it... venum-
Deux points.
1 2
Point.
1 2 3
da- ri multò: et da-ri pau- pe- ribus.
Interrogation.
1 2 3 4
Quid vultis... vo-bis e- um tra- dam?
ubi... come- de- re pas- cha?
Deux points.
1 2
Quemcumque oscula-tus fu- e- ro, ipse est:
Point.
1 2 3
tene- te e- um. (Historien. Ad Jesum dixit:)

Phrase trop courte.
Deux points.
1 2 3
A- ve, Rab- bi.
Ba- rab- bam.
Hic di- xit :
Deux points.
Interrogation.
1 2 3 4
Blasphemavit : quid... e- ge- mus tes- tibus ?
Deux points.
1 2
.... audis-tis blas- phemi- am : quid vo-
Interrogation.
1 2 3 4
bis vi- de- tur ? Prophe- ti- za no-
Interrogation.
bis, Christe : quis est qui te percussit ?
Phrase trop courte.
1 2 3 4
Quid ad nos ?
1 2 3
Tu vi- de-ris.
Non li-cet e- os mitte-re in corbonam :

8

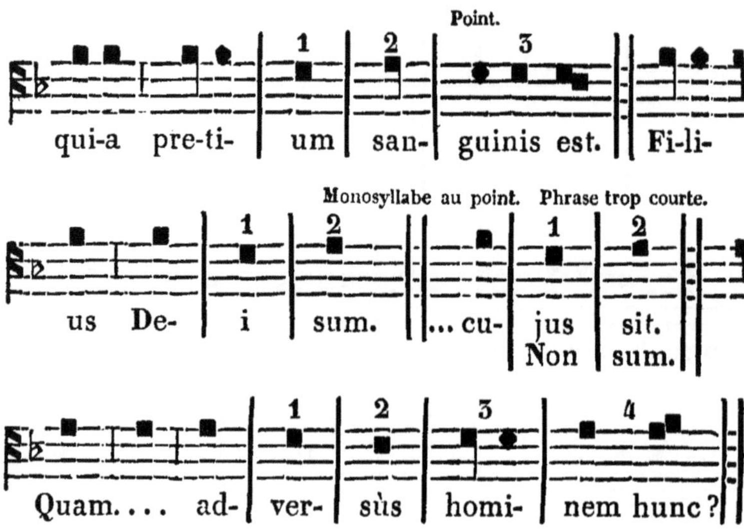

Le Célébrant ou l'un des trois Diacres, qui représente N. S. J.-C.

La partie du Célébrant est la plus touchante. Elle demande une voix assez onctueuse, un ton quelque peu triste, et un mouvement plus lent que la partie de la Synagogue.

Point et virgule.
1 2 3
opus enim... est in me; nam... habe-
Deux points.
1 2 3
tis vo- bis- cum: me... non semper
Point.
1 2 3
ha- be- tis.
Liaison.
Mittens enim.... in
Virgule.
1 2
corpus me- um, ad se-pe-li- endum
Point.
1 2 3
me fe- cit.
Liaison.
Deux points.
Amen dico vobis: ubi-
Point final.
1 2 3
cumquè... in memo-ri- am e- jus.
Phrase trop courte.
1 2 3
Tu di- xis- ti. Tris- tis est...

Ce peu de phrases que nous venons de mettre en notes peut suffire pour tous les passages possibles, tant pour le Célébrant et la Synagogue que pour l'Historien. Il ne s'agit que d'avoir un peu d'intelligence pour faire l'application des exemples qui se trouvent dans le modèle. Sous peu néanmoins nous donnerons au public la Passion selon St.-Matthieu et selon St.-Jean entièrement notée selon les règles de cette méthode.

RÈGLES GÉNÉRALES
POUR LE MODÈLE DE LA PASSION.

Pour l'Historien.

1.° Les deux points sont comme à l'Epître, à l'Evangile, etc., de la férie. 2.° Le point ordinaire est composé de quatre notes sur trois syllabes. 3.° Pour donner le ton au Célébrant, il faut six notes sur trois syllabes. 4.° Pour donner le ton à la Synagogue, il faut quatre notes sur quatre syllabes.

Pour la Synagogue.

1.° Les deux points comme à la férie; mais *fa, ré,* au lieu de *ut, la.* 2.° Le point est composé de quatre notes sur trois syllabes. 3.° L'interrogation se compose de cinq notes sur quatre syllabes. Elle diffère de l'interrogation de l'Epître, 1.° en ce qu'elle se fait sur le *mi* au lieu du *si*, 2.° en ce qu'elle descend une note plus bas, 3.° en ce qu'elle a une note et une syllabe de plus. 4.° Le monosyllabe au point a une inflexion assez analogue à celle de l'Evangile. Elle se compose de deux notes sur deux syllabes. Cette inflexion s'applique mal à propos aux mots hébreux *Rabbi, Barabbam.* On doit leur donner l'inflexion du point ordinaire. 5.° Les phrases trop courtes n'ont que les dernières notes de l'inflexion.

Pour le Célébrant.

1.° Au commencement de chaque phrase qui suit le ton donné par l'Historien, et seulement alors, il faut cinq notes sur deux syllabes :

Dans tous les autres cas, lorsque le Célébrant recommence une phrase nouvelle, il continue simplement :

2.° L'interrogation se commence toujours :

On se sert très-bien de ce commencement, au lieu du grand, dans les phrases qui expriment la tristesse, comme *Tristis est*.....

3.° Le point d'interrogation se termine par cinq notes sur deux bonnes syllabes :

4.° La virgule est composée de trois notes sur deux bonnes syllabes.

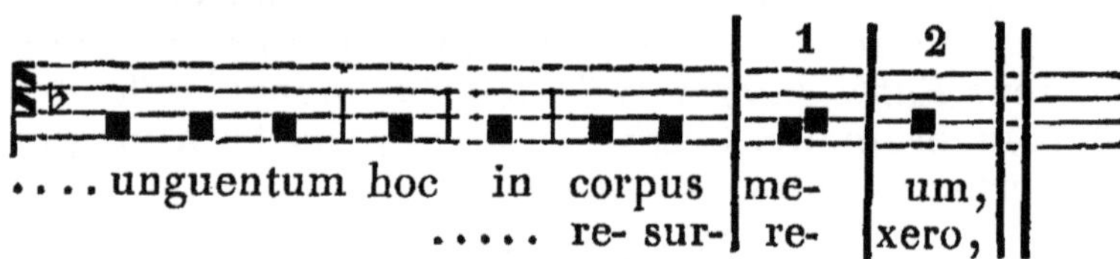

On est assez dans l'habitude de ne mettre à la virgule qu'une seule note et une seule syllabe. Mais ce *la* élevé *seul* au dessus du *sol* est une bonne note, on ne peut pas lui appliquer la dernière syllabe d'un mot. On peut absolument tolérer une seule note en faveur d'un monosyllabe, par exemple :

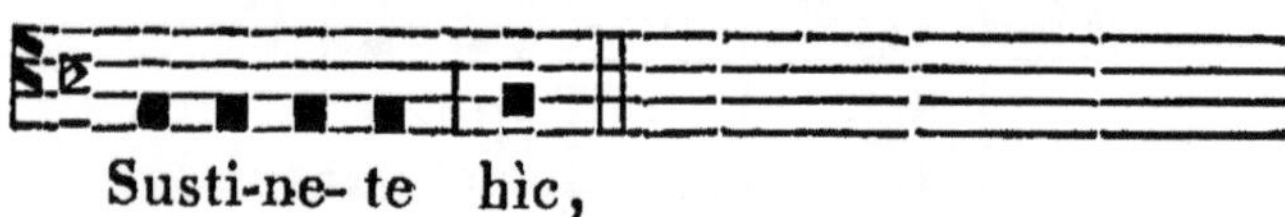

5.° Les deux points se composent de trois notes sur trois syllabes.

Si cependant il y avait un monosyllabe, on pourrait absolument dire, en appuyant dessus :

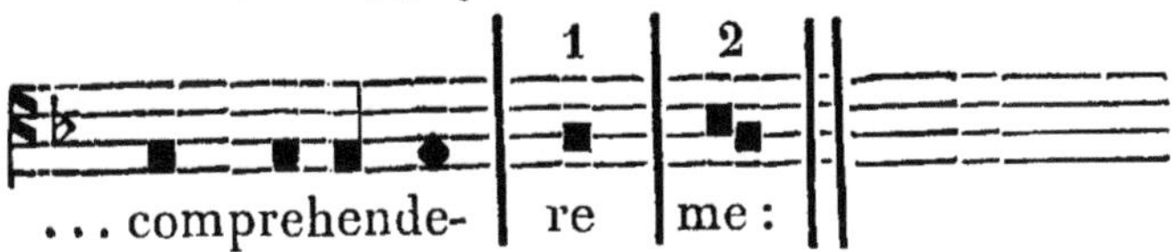

Autant vaudrait pourtant suivre la règle, et dire :

6.° Le point et virgule est composé de quatre notes sur trois syllabes.

1 2 3

... hominis tra- de- tur ;

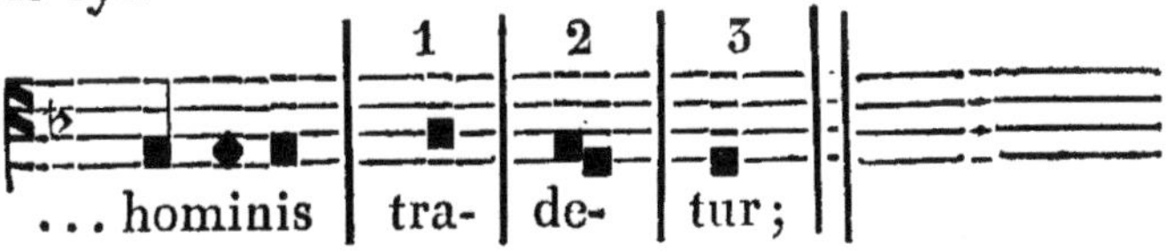

7.° Le point qui n'est pas final, c'est-à-dire celui après lequel N.-S. ajoute une nouvelle phrase, se compose de cinq notes sur trois syllabes :

1 2 3

... non semper ha- be- tis.

8.° Enfin le point final, c'est-à-dire celui qui termine chaque discours de N.-S., est composé de onze notes sur trois syllabes :

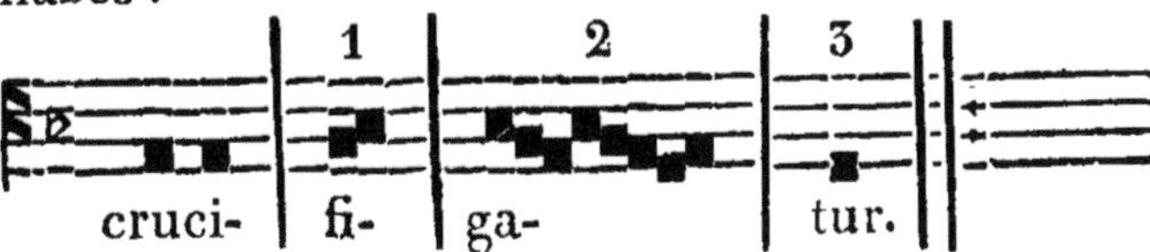

Observez que toutes les notes qui entrent dans les diverses inflexions des trois modèles de la Passion sont de bonnes notes : par conséquent, en leur appliquant les syllabes, on ne doit compter ni les brèves, ni le monosyllabe *seul à la fin*.

ARTICLE V.

Des Leçons, des Prophéties, du Non intres in judicium.... *et du Capitule.*

Le chant des Leçons et des Prophéties contient en tout sept inflexions différentes : 1.° *la, ut* au commencement de chaque phrase et de chaque membre de phrase, excepté seulement le commencement de la phrase qui suit le point d'interrogation (1); 2.° les deux points; 3.° le point; 4.° le point au monosyllabe; 5.° le point d'interrogation; 6.° la fin des Leçons avec *Tu autem;* 7.° la fin des Leçons sans *Tu autem,* c'est-à-dire des Leçons de la semaine sainte, des morts, et des Prophéties.

Voici un modèle qui renferme toutes les inflexions notées selon la ponctuation.

MODÈLE DES LEÇONS.

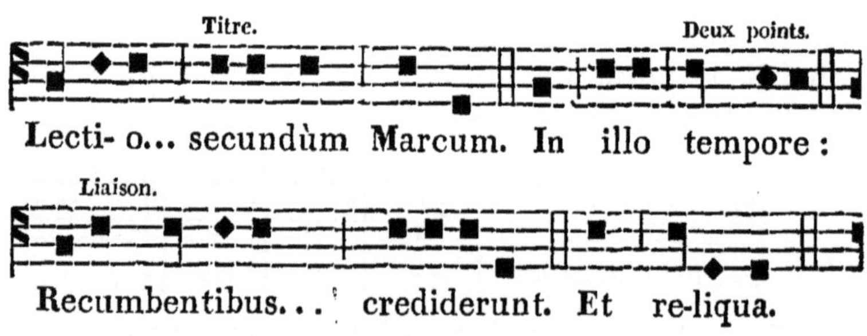

(1) La même raison qui nous a fait adopter *la, ut* au commencement de la phrase qui suit le point de l'Evangile, je veux dire la liaison du chant (*page* 106), nous fait admettre ici *la, ut* après toutes les ponctuations, hormis l'interrogation. La raison de cette exception, c'est que l'interrogation, se terminant par *ut*, se lie par cela même avec la phrase suivante, qui commence par *ut*.

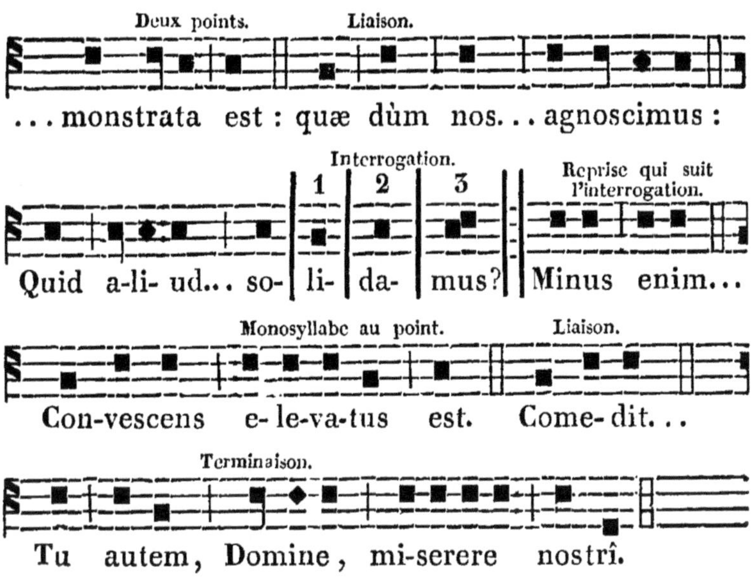

Terminaisons sans Tu autem.

	1	2	3	4
quæ-si- e-ris,	non	sub-	sis-	tam.
tu- a	pos-	sit e-	rue-	re.
cus-to-di-vit	spi-	ritum	me-	um.
co-	me-	ditur à	tine-	â.
sempi-ternus	hor-	ror in-	habi-	tat.
cùm	ve-	nero, dis-	po-	nam.
similitudine	abs-	que pec-	ca-	to.
for-	ma-	ret ex-	em-	plo.
sanguine	de-	di-	catum	est.

RÈGLE GÉNÉRALE

Pour cette dernière Terminaison.

Cette inflexion finale est composée de quatre *bonnes notes* sur quatre *bonnes syllabes :* il ne faut donc pas compter les brèves, ni le monosyllabe *seul à la fin.*

Lorsque la Leçon se termine par une interrogation,

il faut, par la raison apportée page 109, faire sentir l'interrogation de cette manière :

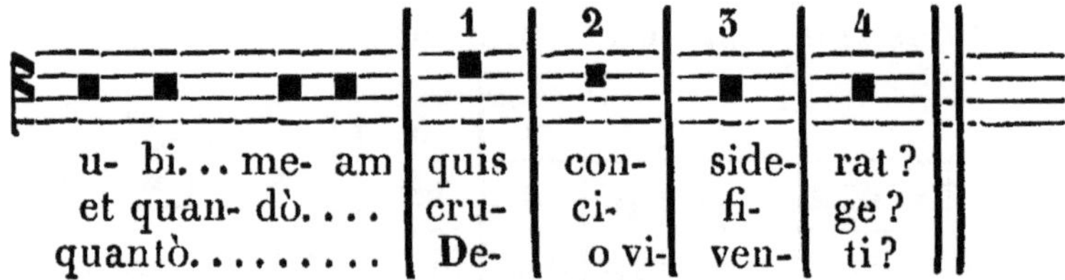

Aux Absoutes.

Non intres in judicium se chante sur le ton des Leçons, seulement avec cette terminaison propre :

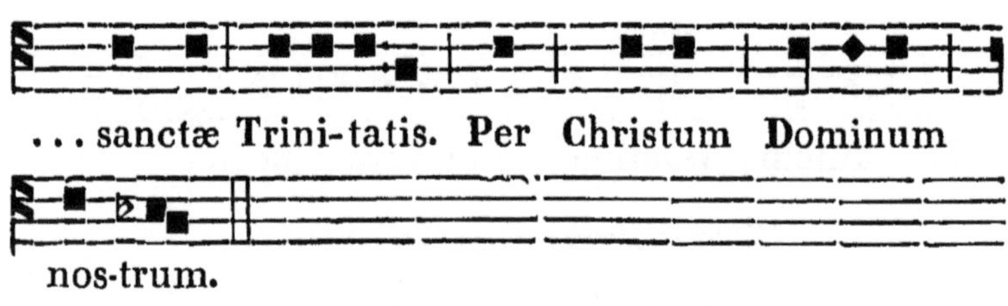

Le Capitule

suit l'inflexion de l'Epître aux deux points et à l'interrogation. Le point qui se rencontre parfois vers le milieu se chante comme les deux points. On le termine par l'inflexion suivante :

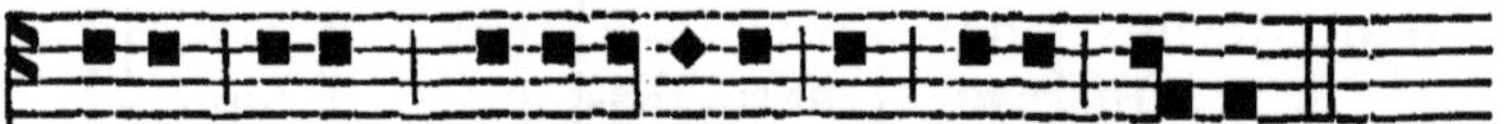

FIN DE LA MÉTHODE.

SUPPLÉMENT

EN FAVEUR DE CEUX QUI SUIVENT LE RIT PARISIEN.

QUOIQUE les exemples cités dans notre méthode soient tirés du chant romain, tous les principes, toutes les règles qui y sont enseignés sont applicables au chant parisien. Ainsi, pour compléter l'enseignement du chant en faveur de ceux qui sont soumis au rit parisien, il ne nous reste qu'à entrer dans le détail de ce qu'il y a de particulier dans ce chant.

ARTICLE PREMIER.

Particularités du Chant parisien.

§ I.

Manière d'écrire le Chant parisien.

1.° Le chant parisien sépare, comme le romain, chaque mot par une petite barre qui embrasse trois lignes de la portée. Seulement cette petite barre est omise dans les Hymnes, les Proses, où l'on ne met qu'une grande barre simple après chaque vers, et une petite barre vers le milieu du vers, pour indiquer un petit repos, lorsque ce vers est un peu long. On ne sépare pas non plus les mots par une petite barre dans les chants tels que la Passion. En voici trois exemples :

Hymne des Vêpres de la Susception de la Ste. Croix.

Crux alma, sal-ve, Crux venera-bi-lis, Torrente

Chris-ti san-gui-nis e-bri- a ; Testis do-lorum,

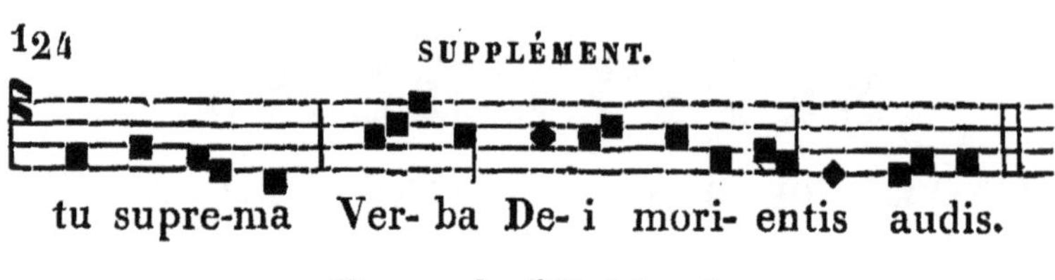

Prose de l'Epiphanie.

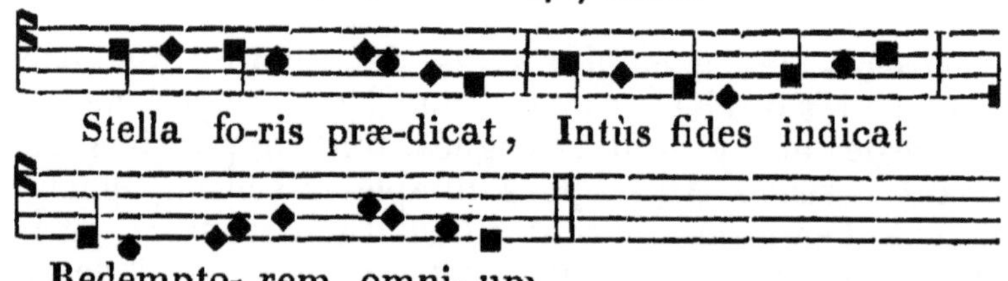

Passage de la Passion.

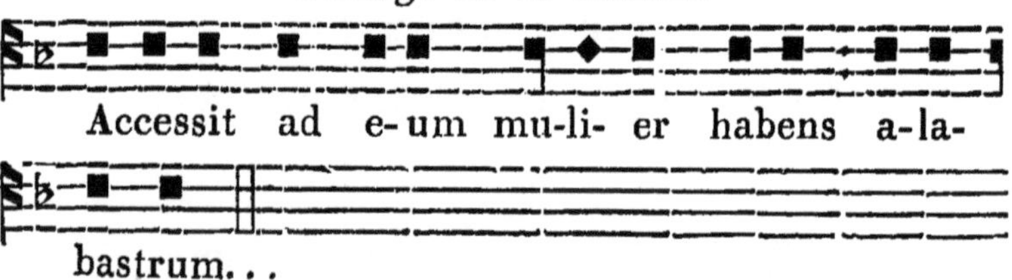

2.° Les repos convenables, comme la virgule, le point et virgule, etc., sont indiqués par un point que l'on place après la dernière note de chaque membre de phrase. Exemple :

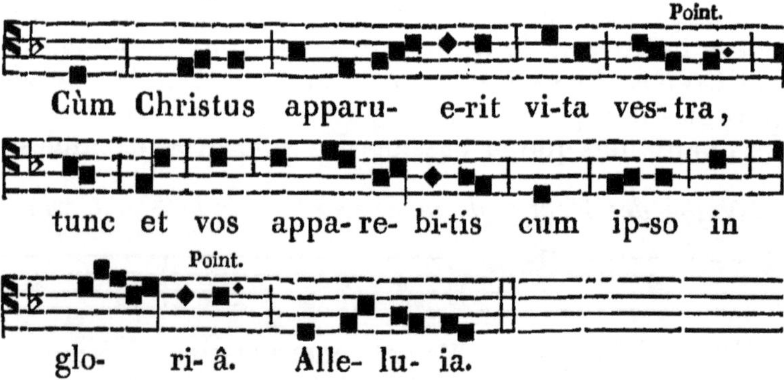

Dans les Hymnes et les Proses on n'emploie pas régulièrement ce point. Il est suppléé par la barre qui sépare chaque vers.

3.° On place dans certains passages une note brève sur la dernière syllabe d'un mot, pour indiquer que l'on doit passer légèrement sur cette dernière syllabe. On va parfois jusqu'à mettre ainsi une brève sur la première syllabe d'un mot, comme *dies,* et même sur une préposition, lorsqu'elle est suivie d'un monosyllabe. Exemples :

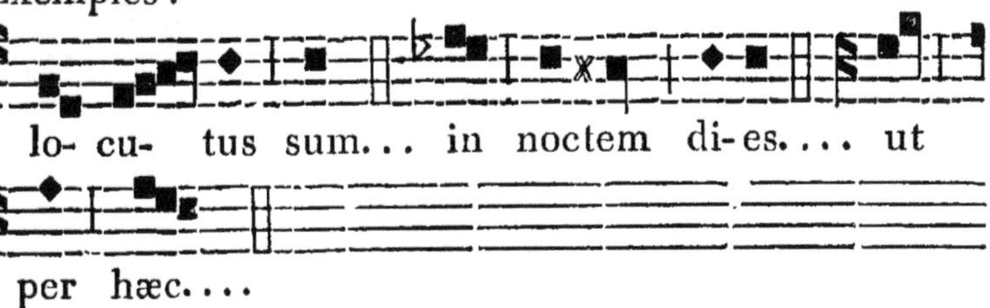

4.° On emploie un très-grand nombre de doubles notes dans le chant parisien, comme dans cet exemple :

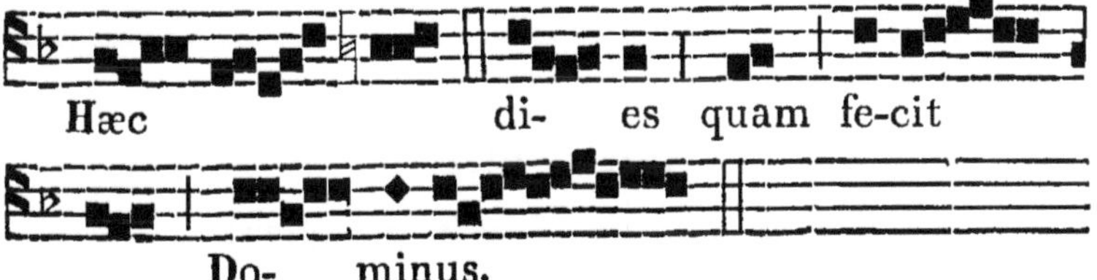

Cette double note signifie qu'il faut la soutenir une fois plus long-temps que la note ordinaire, et non pas qu'il faut faire entendre deux notes de suite sur le même degré par deux émissions de voix.

L'emploi le plus ordinaire de ces doubles notes, c'est dans les tenues, c'est-à-dire à l'avant-dernière note d'un morceau, d'un verset, d'une reprise, etc., quelconque, et au commencement des intonations. Dans ce dernier cas on les nomme *crochets.* Exemples :

5.° On emploie le *si* et le *mi* bémol, le *fa, ut* et *sol* dièse. En voici des exemples que l'on peut ajouter aux exercices de la Méthode, page 29 :

Avec *mi* bémol :

Avec *fa* dièse.

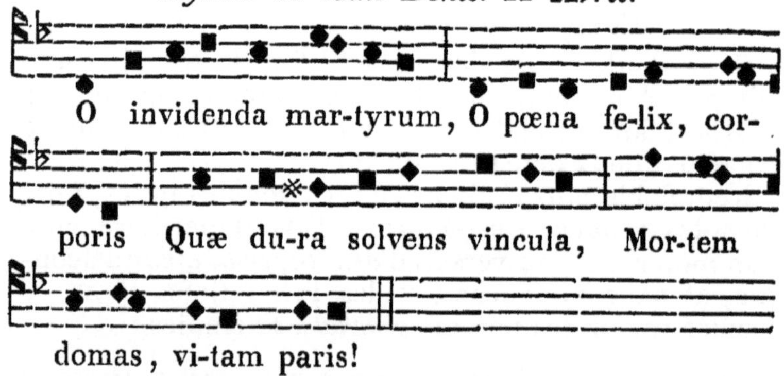

Avec *ut* dièse.

Hymne de saint Jean-Baptiste. 24 Juin.

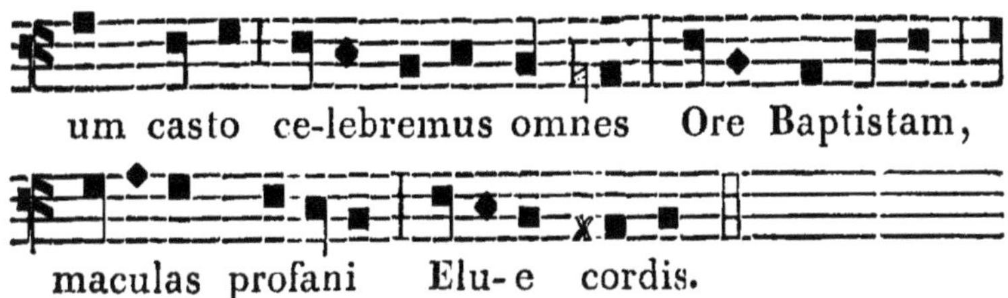

Avec *sol* dièse.

Hymne de saint Joseph. 19 *Mars.*

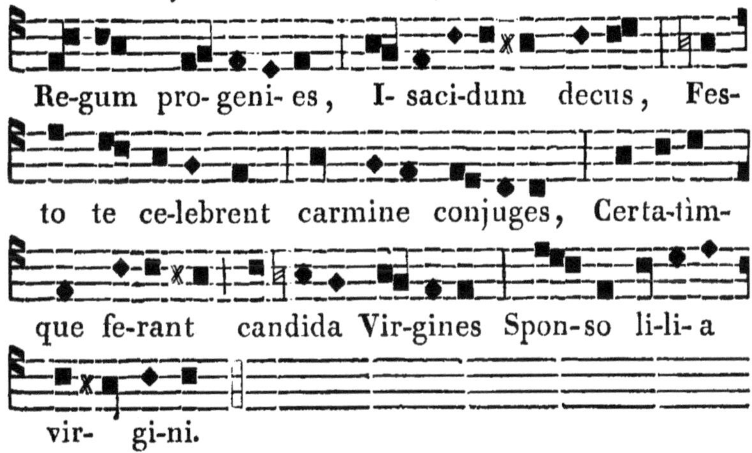

Observez que partout où l'on trouve un bémol devant une note, cette note doit être chantée un demi-ton plus bas qu'on ne la chanterait s'il n'y avait pas de bémol. De même aussi, partout où l'on trouve un dièse devant une note, cette note doit être chantée un demi-ton plus haut. Voyez page 5 de la Méthode.

6.° Toujours au commencement d'une Antienne double on trouve les trois, quatre ou cinq notes de la terminaison du Psaume qui doit être entonné à la suite de cette même Antienne. Ces notes sont suivies d'un chiffre et d'une lettre de l'alphabet. Quelquefois cette lettre est majuscule. Exemples :

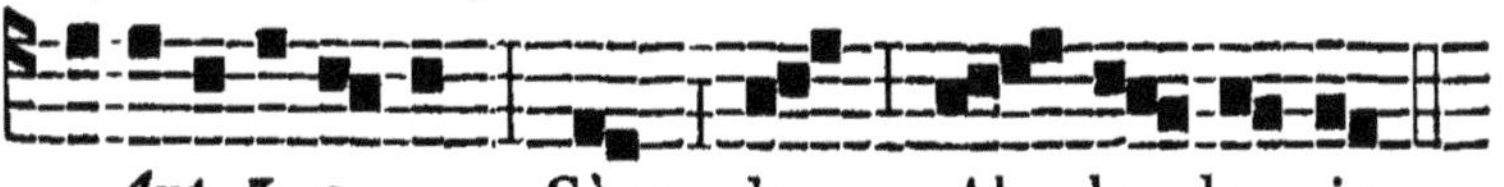

Pour bien comprendre ceci, il faut savoir que les musiciens sont convenus de désigner les sept notes de la gamme par sept lettres de l'alphabet. Voici les noms des sept notes avec les lettres qui servent à les désigner :

la	*si*	*ut*	*ré*	*mi*	*fa*	*sol*
a	b	c	d	e	f	g
A	B	C	D	E	F	G

D'après cela, *Ant.* 3. a du premier exemple veut dire : Antienne du troisième ton, dont le Psaume doit prendre la terminaison qui finit par *la*.

Lorsque la lettre qui indique cette dernière note est majuscule, elle fait comprendre que la dernière note de la terminaison du Psaume est la même que la finale, ou la dernière note de l'Antienne. Voyez dans l'exemple *Ant.* 8. G, où la dernière note de la terminaison comme de l'Antienne est *sol*.

7.° Les Proses et un assez grand nombre d'Hymnes sont écrites avec deux, trois ou quatre brèves qui se suivent immédiatement. Voyez page 141, aux observations critiques, ce qu'il en faut penser.

§ II.

Manière de chanter l'Oraison, l'Epître, l'Evangile, la Passion, la Préface, les Leçons et autres.

Je me contente d'exposer ici le chant parisien *tel qu'il existe, et tel qu'il s'exécute.* Je dirai ci-après, aux observations critiques, comment il devrait être.

MODÈLE DE L'ORAISON.

Dans l'Oraison on chante tout droit sur la dominante jusqu'à *Per omnia,* ou son équivalent :

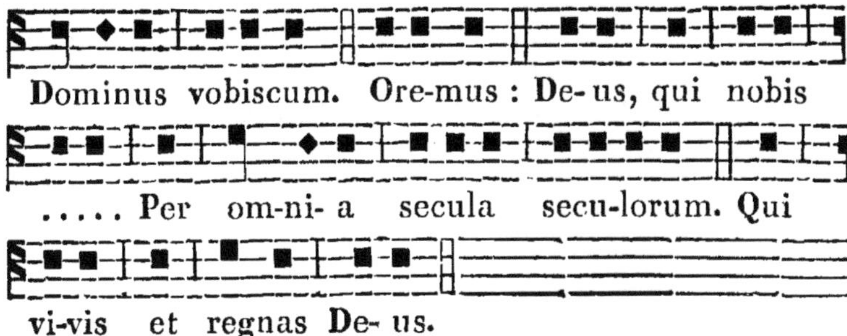

MODÈLE DE L'ÉPÎTRE.

Remarques. 1.° Dans l'Epître chaque syllabe surmontée d'un petit v doit descendre à la tierce mineure ; et chaque syllabe surmontée d'un v renversé, ʌ, doit s'élever à la tierce mineure, c'est-à-dire au *mi* bémol.

2.° Au point d'interrogation et au point d'exclamation, on ne fait aucune inflexion ; mais on prolonge l'avant-dernière syllabe si elle est longue, et l'antépénultième si l'avant-dernière est brève. Cette prolongation est indiquée par une double note.

3.° L'astérisque se pose toujours sur la syllabe qui doit passer par les trois notes *sol, la, ut* de la terminaison.

MODÈLE DE L'ÉVANGILE.

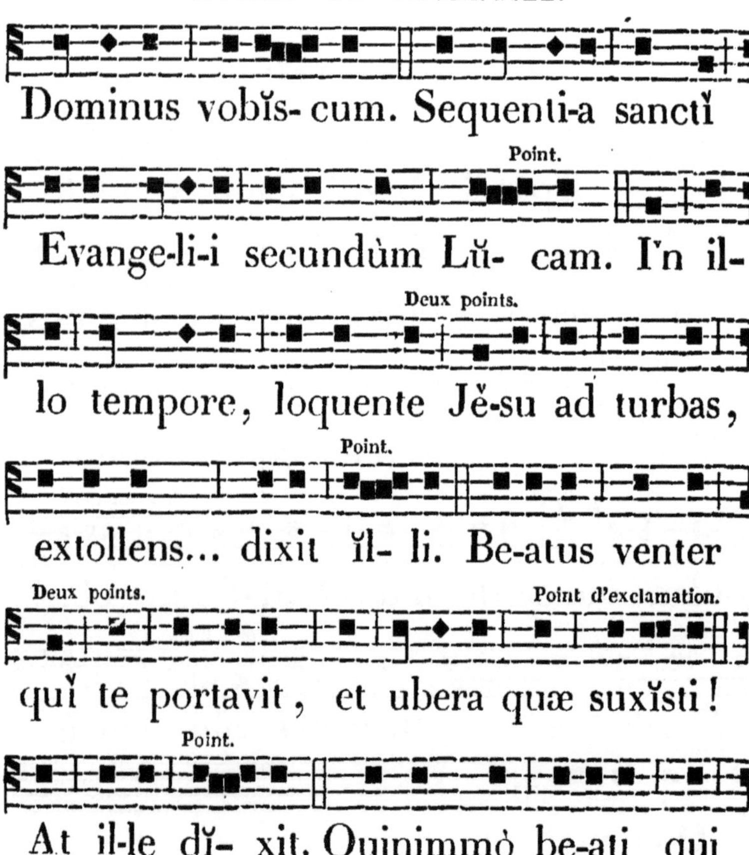

Dans l'Evangile les deux points, le point d'interrogation, d'exclamation et le point final, se chantent comme dans l'Epître. La seule différence se trouve au point, où l'on prolonge d'une manière particulière la syllabe surmontée de ce petit signe ᵕ.

MODÈLE DE LA PASSION.

fortè tumultus fi-eret in po-pu-lo. C. Cùm
autem... unguenti pre-ti-o-si.... indigna-ti
sunt dicen- tes : S. Ut quid perdi- ti-o hæc?
potu- it... venumda-ri multò, et da-ri paupe-
ribus. C.... a-it il- lis : ✝ Quid moles-
ti estis hu- ic mu-li- e-ri? opus enim
bo-num opera-ta est in me; nam semper...
vobis-cum : me autem non semper ha- be-
tis. S. Quid vultis... vobis e- um tra-dam?
S. Numquid e- go sum, Do-mine? Numquid
ego sum, Rabbi? ✝ Tu di- xis- ti.

C. Ait il-li Jesus : ✝ Pa- ter mi, si...
non sicut ego vo- lo; sed si- cut
tu. ✝ .... fi-at voluntas tu- a.
S. Ave, Rabbi. S.... non licet e- os mit-tere
in corbonam, qui-a pre-ti- um sanguinis est.
C.... qui di-cebatur Ba- rabbas. ✝ E- li,
E- li, lamma sabactha- ni? C. Hoc est:
De-us me-us, De- us me- us, ut quid dere-li-
quisti me? C. Jesus autem... emi-sit spi-
ri-tum. Et ecce... de- or- sùm. C... contra
sepul- crum. (Diacre.) Alte-râ autem di- e

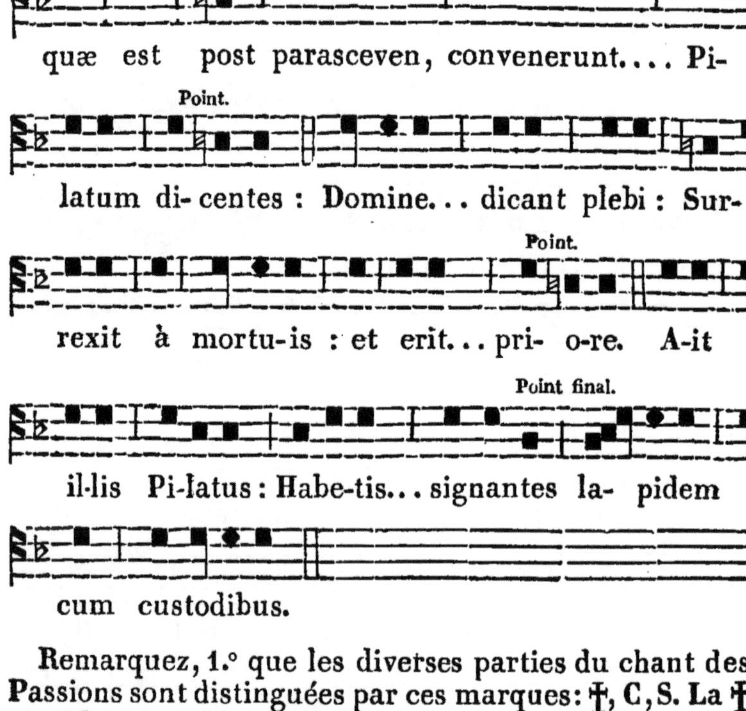

Remarquez, 1.° que les diverses parties du chant des Passions sont distinguées par ces marques: †, C, S. La † signifie Jésus-Christ; le C, le Chantre ou Historien; la lettre S, Synagogue ou troupe de Juifs.

2.° Qu'à *emisit spiritum* l'Historien change l'inflexion du point pour adopter celle-ci, qu'il conserve jusqu'à *valdè dicentes :* où il donne le ton à la Synagogue par l'inflexion ordinaire. A *Erant autem ibi mulieres* l'Historien reprend le point *deorsùm*, jusqu'à *sepulcrum*, où le Diacre quitte la dominante de la manière indiquée, qui a quelque rapport avec le ton romain de l'Evangile.

MODÈLE DE LA PRÉFACE.

Per omni- a se-cu-la se-cu-lo-rum. Amen.

Do-mi- nus vo- biscum. Sur- sùm cor- da.
Et cum spi- ritu tu- o.

Habe- mus ad Do- minum. Gra-ti-as aga-

mus Domino De- o nostro. Dig- num et

justum est. Verè dignum... et sa-lu-ta- re

nos ti-bi... grati- as a- gere, Domine... æter-

ne De- us, per Christum Do-minum nostrum.

Et i- de-ò cum ange-lis.... hymnum glo-ri-

æ tu-æ canimus, sine fi- ne dicen-tes.

MODÈLE DES LEÇONS ET DES PROPHÉTIES.

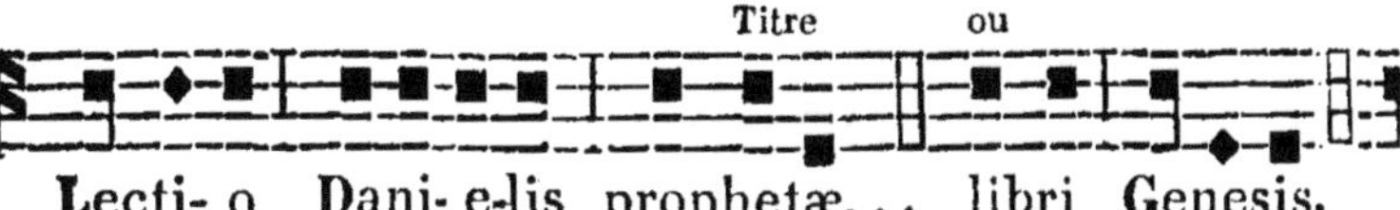

Lecti- o Dani- e-lis prophetæ... libri Genesis.

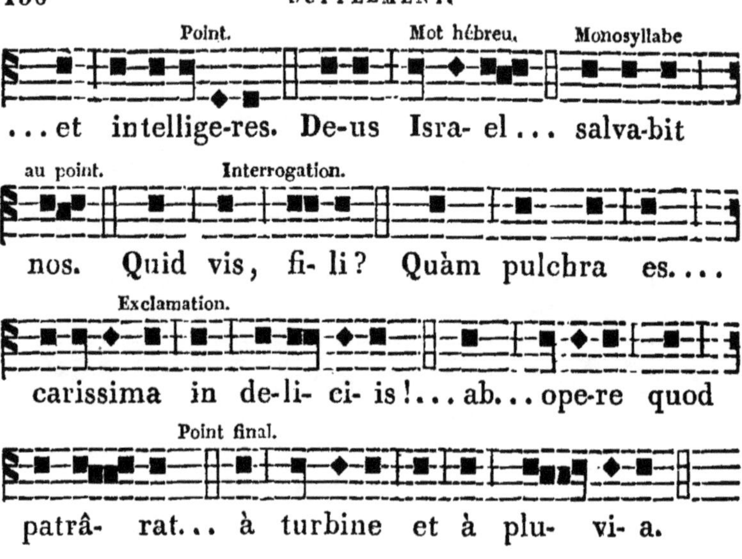

Remarquez, 1.° que les Prophéties se chantent exactement comme les Leçons;

2.° Que le point d'interrogation et d'exclamation est le même que pour l'Epître et l'Evangile;

3.° Que les seules inflexions propres aux Leçons se trouvent au point, aux mots hébreux, au monosyllabe et au point final.

LA PSALMODIE.

Tout ce que nous avons expliqué à la page 73 de la Méthode doit s'appliquer à la psalmodie parisienne, puisque ce sont absolument les mêmes tons, et la même manière de les chanter. Seulement voici quelques terminaisons qui ne sont pas en usage dans le chant romain :

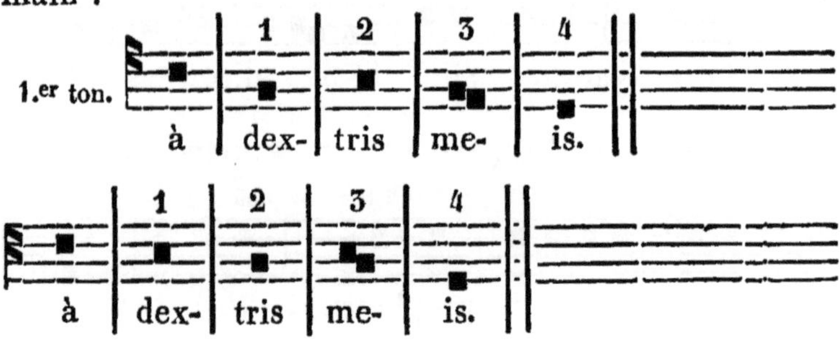

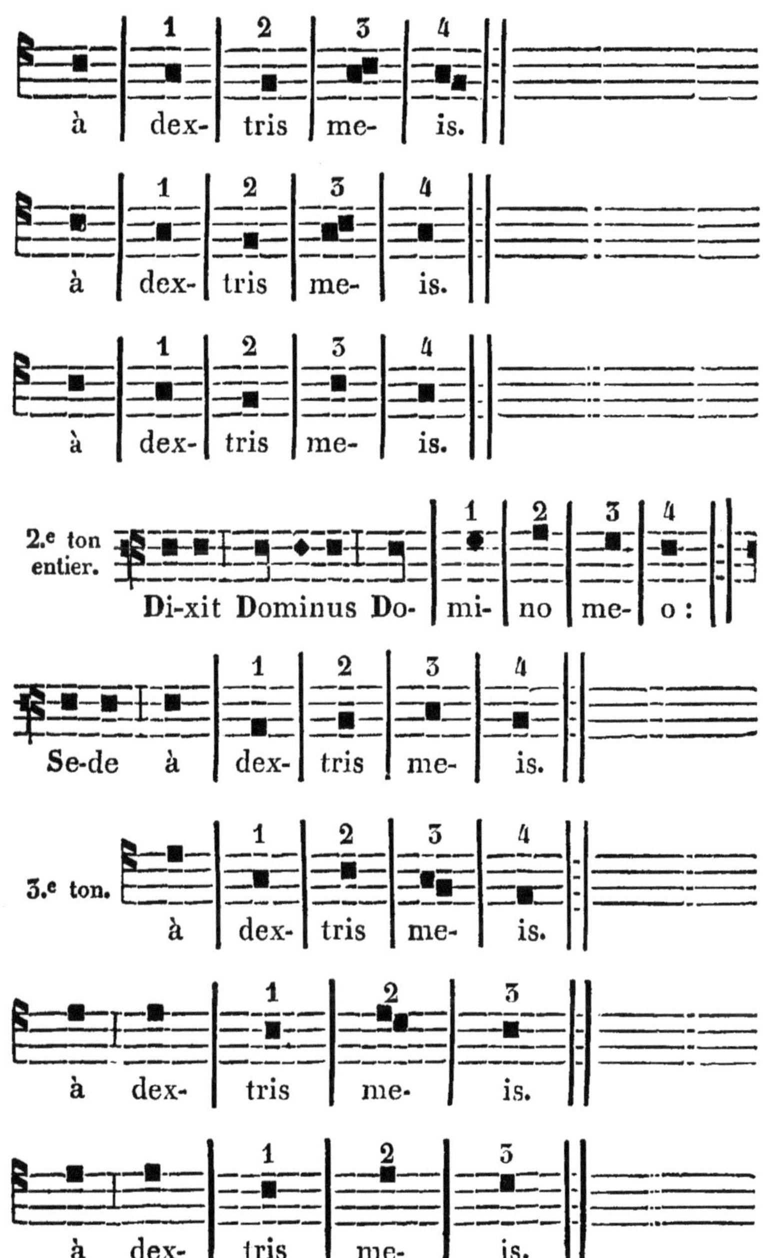
à dex- tris me- is.
1 2 3 4
à dex- tris me- is.
1 2 3 4
à dex- tris me- is.
1 2 3 4
2.e ton entier.
Di-xit Dominus Do- mi- no me- o:
1 2 3 4
Se-de à dex- tris me- is.
1 2 3 4
3.e ton.
à dex- tris me- is.
1 2 3 4
à dex- tris me- is.
1 2 3
à dex- tris me- is.
1 2 3

Le quatrième Ton a de plus ce Ton entier :

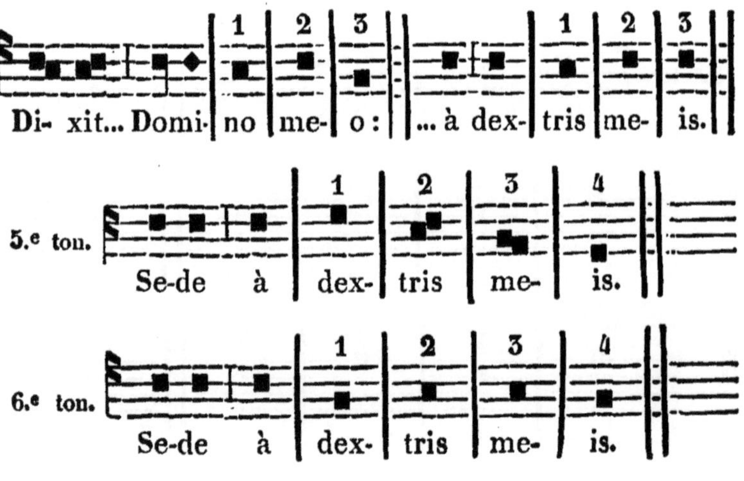

Le sixième Ton a de plus ce Ton entier :

1 2 3 4

Di-xit.... | Domi- | no | me- | o : || Se-de

1 2 3 4

à | dex- | tris | me | is.

1 2 3 4

7.e ton. à | dex- | tris | me- | is.

1 2 3 4

à | dex- | tris | me- | is.

1 2 3 4

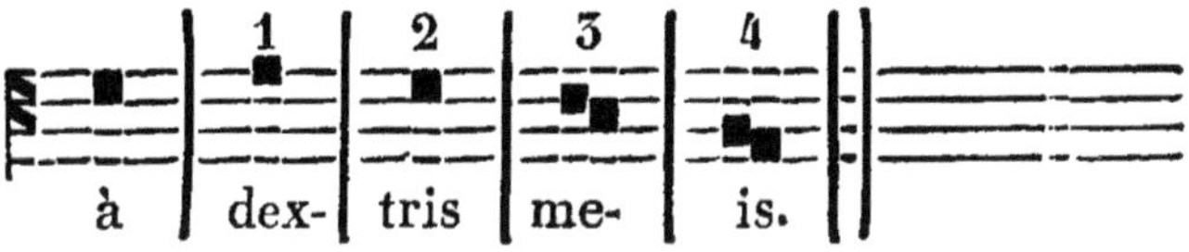

8.e ton. à | dex- | tris | me- | is.

1 2 3

à dex- | tris | me- | is.

Notre huitième ton irrégulier est un premier ton selon le parisien.

LE *TE DEUM.*

Le *Te Deum* parisien est, pour le fond, le même que le romain, mais on en a retranché un grand nombre de notes :

Te De- um lauda- mus, * te Dominum con-

fitemur. Te æternum Patrem * omnis terra
veneratur. Sanc-tus, Sanc- tus, Dominus De-
us saba- oth. Pleni sunt cœli et terra * majesta-tis glo-ri- æ tu- æ. Pa- trem * immensæ
majesta-tis, Sanctum quoque * paracle-tum Spi-
ri-tum. Tu Rex glo- ri- æ, Chris- te. Tu Patris *...
... susceptururs ho- minem, * non horru- is-ti....
Æternâ fac * cum sanctis... numera- ri.
In te, Domine, spe- ra- vi, * non confundar
in æ- ter- num.

LES VERSETS.

Les Versets aux Heures ordinaires se chantent de la manière suivante :

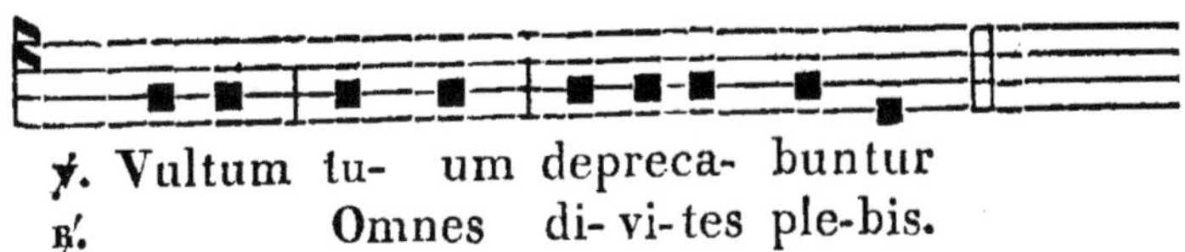

℣. Vultum tu- um depreca- buntur
℟. Omnes di- vi- tes ple-bis.

Si c'est un monosyllabe :

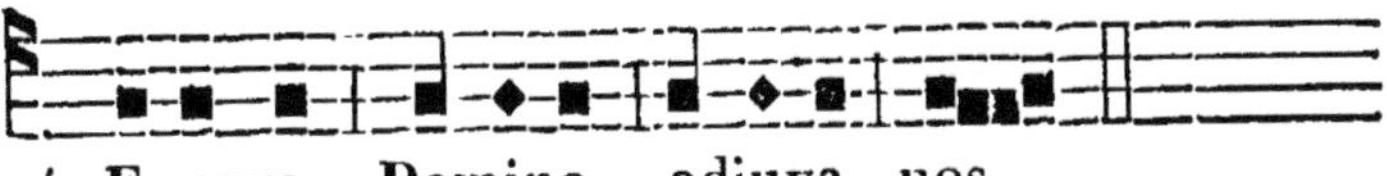

℣. Exurge, Domine, adjuva nos.

A l'Office des Morts.

℣. Ne tradas besti- is animas confitentes ti- bi.

ARTICLE II.

Quelques Observations critiques.

Je ne connais aucun livre de chant parisien qui soit noté de la manière simple et naturelle expliquée à la page 7 de la Méthode. Il est fortement à désirer qu'à l'avenir on introduise une légère réforme à cet égard. Ainsi on pourrait, 1.° faire disparaître un assez grand nombre de notes brèves qui, souvent placées à contre-temps, renversent la prononciation; 2.° retrancher toutes les notes à queue qui ne précèdent pas immédiatement une syllabe ou note brève selon la règle 4.e, page 37; 3.° rejeter absolument toutes les doubles notes, qui ne servent qu'à défigurer le chant, soit qu'elles se trouvent au commencement ou dans le courant d'un morceau (1); 4.° séparer exactement chaque mot par une

(1) Je suis persuadé qu'un assez grand nombre de ces doubles notes ne sont originairement que des fautes d'impression. Voici dans

petite barre, dans les Hymnes comme partout ailleurs, à moins que le chant ne soit mesuré. Cette séparation aide surtout un chantre peu exercé à placer plus sûrement chaque mot sous les notes qui lui appartiennent; 5.° enfin, si le chant est mesuré, l'écrire comme il est enseigné page 50, et séparer chaque mesure par une grande barre simple, sans avoir égard aux mots.

Ce changement sera très-utile et très-agréable en même temps : on peut aisément s'en convaincre par l'inspection seule de ces échantillons :

MANIÈRE DE NOTER VICIEUSE.

un même morceau trois exemples frappans, et qui autorisent cette conjecture.

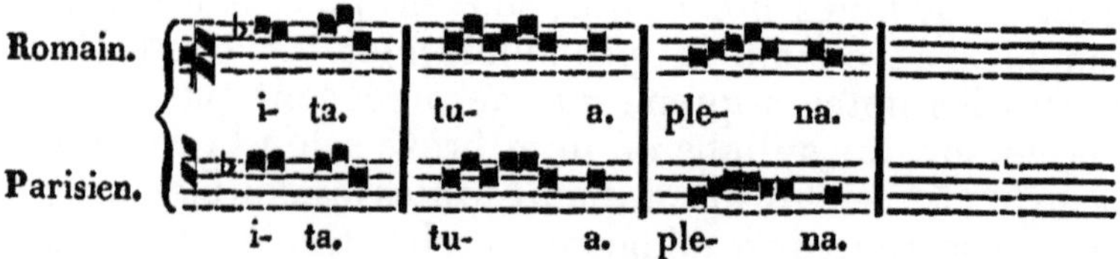

Ces passages, qui sont tirés de l'introït du 8.e Dimanche après la Pentecôte, selon le romain, et de l'introït de la Purification, selon le parisien, nous présentent des deux côtés le même nombre de notes. Dans le romain, dont le parisien n'est évidemment qu'une copie, il ne se trouve aucune double note. Il est donc à présumer que l'imprimeur d'une édition postérieure aura placé sur le même degré deux notes qui devaient se trouver sur deux degrés différens.

Hymne du Sacré-Cœur.

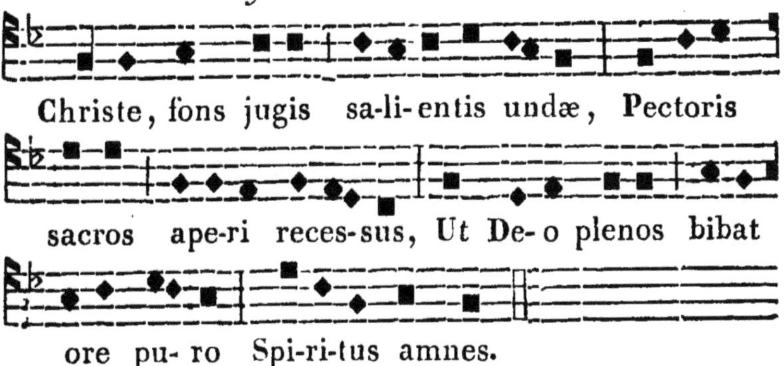

Prose de l'Annonciation.

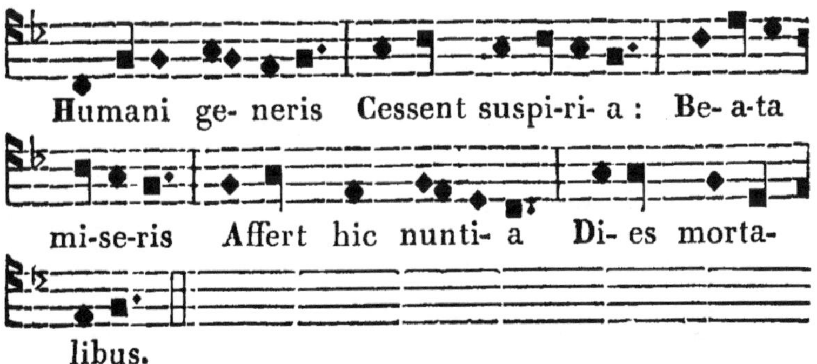

Voyez encore O invidenda martyrum! *page* 126.

MANIÈRE DE NOTER CONFORME AUX RÈGLES.

Commencement d'Hymne.

Hymne du Sacré-Cœur.

Prose de l'Annonciation.

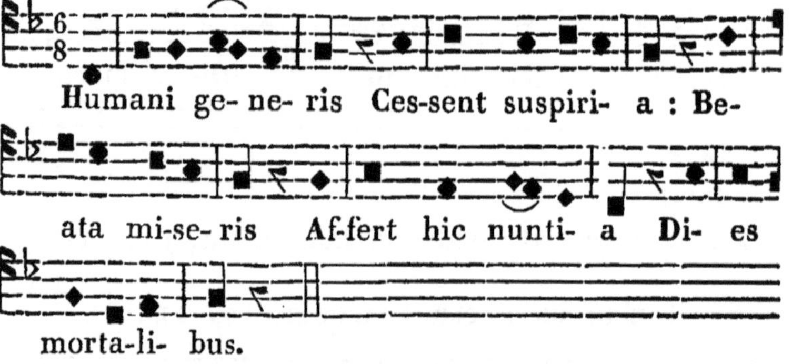

Hymne de saint Denis, 22 Avril.

tem do- mas, vi- tam pa- ris.

Le petit point qui indique les repos devient inutile pour quiconque a bien compris la règle 9.e, page 44. On peut cependant le conserver en faveur de ceux qui ne savent pas le latin.

Nous avons établi plusieurs règles dans la Méthode, notamment pages 37, 38 et 40. Ces règles sont fondées sur le génie même du latin, sur les lois de la déclamation. Quand on examine le chant parisien à l'aide de ces règles, il ne paraît pas exempt de reproche : tantôt il appuie sur la dernière syllabe d'un mot (1); tantôt il place la bonne syllabe à côté de la bonne note ; et tantôt il place sur la dernière syllabe d'un mot dix, douze, et jusqu'à seize notes, tandis que sur celle qui doit porter la force de la voix il s'en trouve à peine deux. Voici un petit nombre d'exemples de ces défauts bien multipliés :

Te æter-num Patrem... Te glo-ri- o-sus...
Ti- bi omnes Angeli...

ci- to. Christus Je- sus.

sæ-pè.

Il était pourtant bien aisé de les éviter ; il suffisait de noter de cette façon :

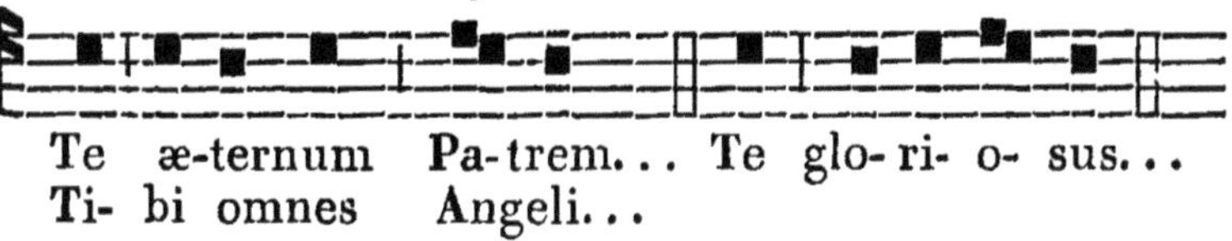

Te æ-ternum Pa-trem... Te glo-ri- o- sus...
Ti- bi omnes Angeli...

---

(1) Ce défaut est très-sensible dans la plupart des proses du chant parisien.

Il est vrai que l'on ne pouvait mieux éviter les fautes qui se trouvent d'un bout à l'autre du *Te Deum,* qu'en le laissant tel que l'Eglise romaine le chante. Quelle nécessité pouvait-il y avoir d'en retrancher toutes les notes les plus heureuses, celles qui produisent le plus d'effet? Mais nous aurons lieu de parler de cette sorte de changemens dans l'article suivant, page 154.

A la page 129 nous avons vu le chant parisien de l'Epître, de l'Evangile, etc., tel qu'il existe. Revenons un peu à ce chant.

A la page 99 de la Méthode il est parlé d'un défaut à éviter en terminant l'Oraison : ce défaut est précisément celui du chant parisien, à *Per omnia* du modèle.

La manière suivante de noter les deux points n'est qu'un déplacement de l'inflexion des deux points selon le romain.

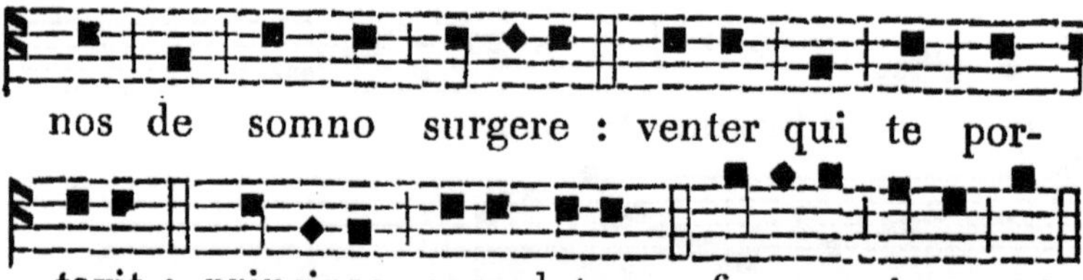

Ce déplacement est très-désagréable. Il produit presque toujours une prononciation vicieuse. Néanmoins on le rencontre continuellement dans l'Epître, l'Evangile et la Passion. La seule manière de parer à cet inconvénient, c'est d'écrire et de chanter conformément à ce qui est dit pages 102 et 107.

nos de somno surgere : venter qui te portavit :

Je crois même que ce changement ne provient que d'une mauvaise habitude. Quelques bons passages, qui se rencontrent de temps en temps, semblent le prouver:

L'inflexion de l'Historien, dans le chant parisien de la Passion, me paraît moins propre pour donner le ton à la Synagogue que l'inflexion du chant romain.

Je pense encore qu'on ferait bien de retrancher le *fa* de l'interrogation de la Synagogue. Ce *fa* ne vaut pas le *mi* pour interroger.

C'est ce qu'il faudrait pour être conséquent, puisqu'on chante et qu'on écrit dans le parisien :

Enfin j'observe que l'inflexion suivante est une mauvaise contrefaçon du point de l'Evangile romain, et qu'elle est contraire à la quantité latine :

La saine prononciation exige que l'on appuie sur *cen, o, la, sci,* avant-dernières syllabes longues, et non sur leurs précédentes. Il faut donc nécessairement chanter, en ajoutant une note :

ARTICLE III.

Parallèle du Chant romain et du Chant parisien.

Il n'est que trop commun d'entendre, même des ecclésiastiques, parler du chant romain et parisien comme de deux chants entièrement différens et opposés de caractère. Cela provient de ce qu'un assez grand nombre de ceux qui suivent le rit parisien ne connaissent le chant romain que par le mépris qu'ils en ont entendu faire ; tandis que leurs voisins qui suivent le rit romain sont si habitués à entendre blâmer leur chant, qu'ils ne songent pas même qu'il soit possible de faire aucune réponse lorsqu'ils le voient attaqué jusque dans les journaux, et qualifié de *suranné, lourd, raboteux, répugnant* et *méprisable.* Mon intention, dans cet article, est de mettre les uns et les autres à même de juger ces deux chants sainement et avec connaissance de cause.

Pour y parvenir, nous résoudrons les trois questions suivantes par des preuves de fait.

1.re *Question.*—Le chant parisien diffère-t-il du chant romain ?

2.e *Question.*—Le chant parisien est-il plus beau que le chant romain?

3.e *Question.* — Qu'est-ce en définitive que le chant parisien?

Ces trois questions, plus importantes qu'on ne semble le croire aujourd'hui, sont nettement résolues dans un article de l'*Emancipateur*, n.o 37, 3 septembre 1834. L'auteur s'exprime en ces termes :

« . . . . Le caractère *suranné du chant lourd et raboteux* » *de la liturgie grégorienne* ne peut que *répugner au bon* » *goût;* il est bien à craindre que cette *répugnance* ne se » change en *mépris.* J'ai des raisons de croire que le » clergé de ce diocèse n'aurait pu qu'applaudir à l'in» troduction de la liturgie de Paris, si recommandable » par le goût éclairé et le choix judicieux qui a présidé » à sa rédaction......, par la noble simplicité de son » *chant grave et mesuré.* »

Je suppose charitablement que l'auteur de cet article n'est pas un ecclésiastique. S'il l'était, il lui serait impardonnable de s'exposer d'une manière aussi légère et aussi imprudente à faire retomber sur le chant parisien même tout le blâme qu'il verse sur le chant romain.

En effet, si, comme il le suppose gratuitement, le chant romain *répugne au bon goût*, s'il n'est que propre à *inspirer du mépris*, et que, dans le fond, le chant parisien soit le même que le chant romain ; si même, dans le détail, le chant romain a des avantages sur le parisien, son inconsidération sera cause qu'on se *dégoûtera* du chant parisien avec encore plus de raison qu'on ne se dégoûterait du chant romain.

Mais je ne saurais croire que ces lignes soient sorties de la plume d'un prêtre. On dirait même que celui qui les a dictées n'a aucune idée, ni du chant romain, puisqu'il le méprise, ni du chant parisien, puisqu'il le suppose mesuré (1). Au moins est-il certain qu'il n'a jamais écouté attentivement ni l'un ni l'autre. En conséquence je récuse son témoignage, et je me permets d'aborder nos trois questions comme si elles étaient encore demeurées sans réponse.

PREMIÈRE QUESTION.

Le chant parisien diffère-t-il du chant romain?

RÉPONSE.—Cette question revient à celle-ci : *La liturgie parisienne possède-t-elle un chant qui soit généralement autre que le chant romain, un chant, en un mot, qui lui soit vraiment propre et particulier?*

A cela je puis répondre de la manière la plus négative : la preuve en est dans tous les livres de l'un et l'autre rits. Les Prélats qui ont rédigé la liturgie parisienne n'ont pas prétendu créer un chant nouveau. Ils ont opéré un changement assez considérable dans les paroles; mais ils ont adapté leurs nouvelles paroles au chant de l'Eglise romaine (2), dont ils se servaient jusqu'alors. Cette vérité est palpable pour quiconque a des yeux, des livres, un peu de patience et de discernement.

Pour faciliter la besogne, et prouver notre assertion, nous citons en premier lieu comme chant romain *re-*

---

(1) Le Chant parisien est si peu mesuré, que les morceaux même qui le sont de leur nature sont notés sans qu'aucune mesure soit indiquée, ni par un chiffre au commencement, ni par une barre de séparation, ni par la différence convenable des notes. On se rendrait ridicule si l'on voulait chanter cette sorte de morceaux rigoureusement tels qu'ils sont écrits ; heureusement qu'une sorte d'instinct rapproche un peu de la mesure. Ces morceaux sont, au reste, en bien petit nombre. Les Proses, quelques Hymnes, voilà tout. Et sous ce rapport le chant romain est aussi avancé que le parisien, puisque *Lauda, Sion, — Veni, sancte, — Creator alme, — Ut queant laxis*, etc., sont mesurés.

(2) Je n'ai aucun égard ici aux changemens dont je parlerai bientôt. Ces changemens ne sont qu'accidentels, et d'ailleurs en très-petit nombre. Ils ne sauraient donc infirmer ce que j'avance, en admettant même qu'ils sont à l'avantage du parisien, ce qui, en général, n'est pas.

produit note pour note, employé dans les mêmes circonstances, et presque toujours avec les mêmes mots, — tous les *Kyrie, Gloria, Credo, Sanctus, Agnus Dei;* — la plupart des Introïts, Graduels, *Alleluia,* Offertoires et Communions depuis le premier Dimanche de l'Avent jusqu'au dernier Dimanche après la Pentecôte (1); — *Cibavit,* Messe du St.-Sacrement, ainsi qu'un grand nombre de Messes du Commun des Saints: *Statuit, Os justi, In medio, Adducentur, Cognovi, etc.;* — la Messe de *Requiem* (2); — toutes les cérémonies particulières, c'est-à-dire les Rogations, les Cendres, la Purification, la Semaine sainte, etc.; — les Antiennes de la Ste. Vierge: *Salve, Alma, Ave, Regina cœli;* — les grandes Antiennes appelées *O;* — plusieurs Hymnes et Proses, telles que *Vexilla regis, Pange, lingua, Verbum supernum, Victimæ.*

Nous citons, en second lieu, comme chant romain employé dans des circonstances différentes, — la Communion du douzième Dimanche après la Pentecôte du parisien, qui est la même pour le chant romain, *Quotiescumquè;* — la Communion du Dimanche dans l'Octave de la Nativité, qui est la même que *Vidimus stellam,* Communion de l'Epiphanie selon le romain; — *O quàm suavis est,* qui à Paris se chante aux Stations, est l'Antienne des premières Vêpres du Très-Saint-Sacrement selon le romain. — Les paroles seules sont changées aux Hymnes de l'Avent, de Noël, des Apôtres, etc.

Enfin celui qui voudra s'en donner la peine pourra se convaincre qu'à l'exception d'un petit nombre d'Hymnes et de Proses, il n'existe pas un morceau de chant

---

(1) Dans cette recherche il faut bien faire attention que souvent un chant se trouve transporté d'un office dans un autre. C'est ainsi que la messe *Rorate*, du 4.e Dimanche de l'Avent, selon le romain, se trouve au 3.e selon le parisien, et *vice versâ.* C'est ainsi que l'Introït du 11.e Dimanche après la Pentecôte, selon le romain, est transporté au 12.e parisien. C'est ainsi encore que l'Introït du 8.e Dimanche romain est l'Introït de la Purification selon le parisien; et ainsi du reste.

(2) Les Messes pour les *Evêques*, les *Clercs* et autres, ne sont jamais qu'une reproduction de la Messe de *Requiem.* Les mots seuls sont changés.

parisien qui ne soit du chant romain emprunté ou modifié. Mais pour cela il faut qu'il se souvienne, 1.° que, dans le chant parisien, on a très-utilement supprimé tout changement de clef dans un même morceau, changement désagréable, et pourtant introduit par je ne sais quel abus dans presque tous les livres de chant romain; 2.° que l'on y a rétréci l'étendue un peu considérable (1) de quelques morceaux, et redressé l'irrégularité de plusieurs autres, en évitant le mélange de plusieurs tons dans le même morceau; 3.° que l'application des nouvelles paroles au chant romain a occasioné bien souvent l'intercalation de quelques notes dans un chant, et, par une conséquence nécessaire, une modulation un peu différente; 4.° que la différence des temps, des lieux, la routine des chantres, la négligence ou l'ineptie de quelques imprimeurs, ont introduit dans un même chant des variantes accidentelles (2), et qu'il est très-possible que celui qui se livrera à cette recherche n'ait pas précisément les mêmes éditions dont on s'est servi pour rédiger le chant parisien. En conséquence de ces observations, il reconnaîtra sans peine que, dans les morceaux suivans, le chant parisien n'est qu'un dérivé du chant romain.

Graduel du 3.ᵉ Dimanche de l'Avent.

(1) Cela n'empêche pas qu'il se trouve dans le chant parisien des morceaux trop étendus : témoin le Répons du 3.ᵉ ton des 1.res Vêpres de S. Vincent de Paul, qui monte au *mi* et descend à l'*ut*, et grand nombre d'autres.

(2) Ces variantes commencent à s'introduire dans les livres de chant parisien. Si l'on compare entre elles deux éditions, l'une de 1826 et l'autre de 1829, on y trouve des notes retranchées ou déplacées, et dans aucune je ne trouve *Eli, lamma sabacthani* noté comme dans une ancienne édition de Paris.

Offertoire des Rogations.

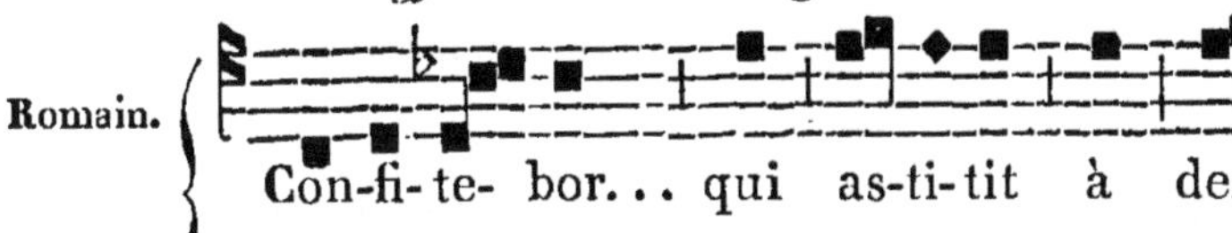

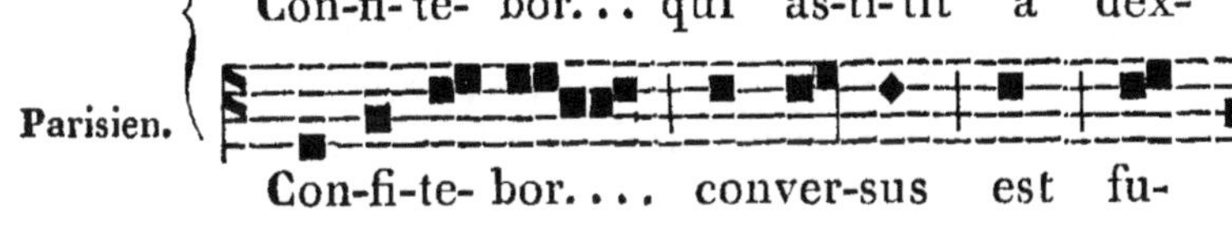

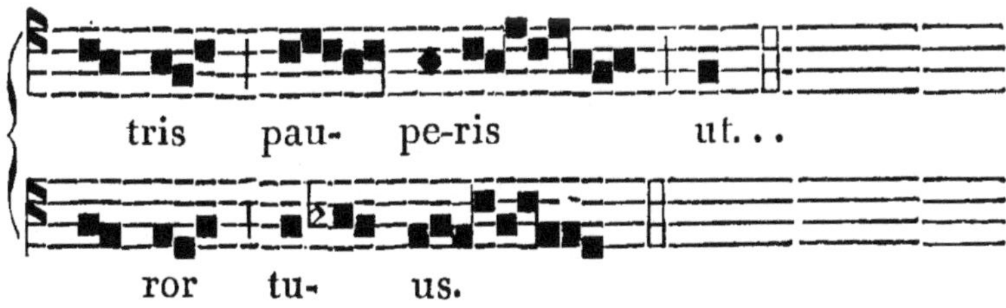

Comparez de la même manière l'Introït de la troisième

Messe de Noël selon le romain, avec l'Introït du 3.e Dimanche après l'Epiphanie selon le parisien.

Enfin, si l'on observe que l'on a souvent transporté une Antienne de Psaume, un Répons, etc., à un autre Psaume, etc., du même Office, et parfois du même Nocturne, on sera agréablement surpris de retrouver le chant romain en parcourant l'Office de la Nuit de Noël, des Morts, etc., dans les livres parisiens.

En voilà, ce me semble, déja plus qu'il n'en faut à un esprit droit pour se convaincre que le chant parisien ne diffère point du chant romain, ou, en d'autres termes, que la liturgie parisienne ne possède pas un chant qui soit généralement autre que le chant romain, un chant qui lui soit vraiment propre et particulier.

DEUXIÈME QUESTION.

Le Chant parisien est-il plus beau que le Chant romain?

Réponse.— Puisque le chant parisien n'est en général qu'une copie du chant romain, ces deux chants, généralement parlant, ne sauraient être ni plus ni moins beaux l'un que l'autre. Dès-lors il est clair qu'il ne peut plus y avoir de contestation que pour le petit nombre de morceaux que l'on a modifiés, supprimés ou remplacés. Voyons ce que la liturgie parisienne a gagné à ces changemens.

Les changemens qui existent sont,

1.° Dans le ton de l'Oraison, de l'Epître, de l'Evangile et des Leçons. Voyez, aux pages 98 et suivantes, les modèles du chant romain. Quelle agréable variété dans les inflexions! elles sont presque aussi variées que les accens de la voix.

Voyez aux pages 129 et suiv. ces mêmes chants selon le parisien. Une triste monotonie règne partout. Le petit nombre d'inflexions désagréables suffit à peine pour distinguer l'Evangile de l'Epître. Le point final de ces deux chants semble avoir été copié de mémoire sur le romain, par quelqu'un qui ne s'en souvenait qu'à demi. Il était pourtant d'autant plus nécessaire de rendre ces chants agréables qu'ils sont d'un usage journalier;

2.° Dans le *Te Deum.*

Voyez dans les deux rits ce cantique dans son entier. Vous ne trouverez pas une seule phrase de chant modifié par le parisien qui vaille cette même phrase conservée dans le romain. Dans le chant parisien on n'a conservé que les notes fondamentales. Il semble qu'on ait pris à tâche d'en retrancher tout l'onctueux de la mélodie; jusqu'à ce beau changement à *Te ergo quæsumus,* il est sacrifié. Presque toutes les syllabes se trouvent placées sous les notes à contre-temps. Il est impossible de le chanter comme il est noté sans détruire les quantités latines. Si quelqu'un me taxait d'exagération, qu'il confronte, et il sera bientôt de mon avis :

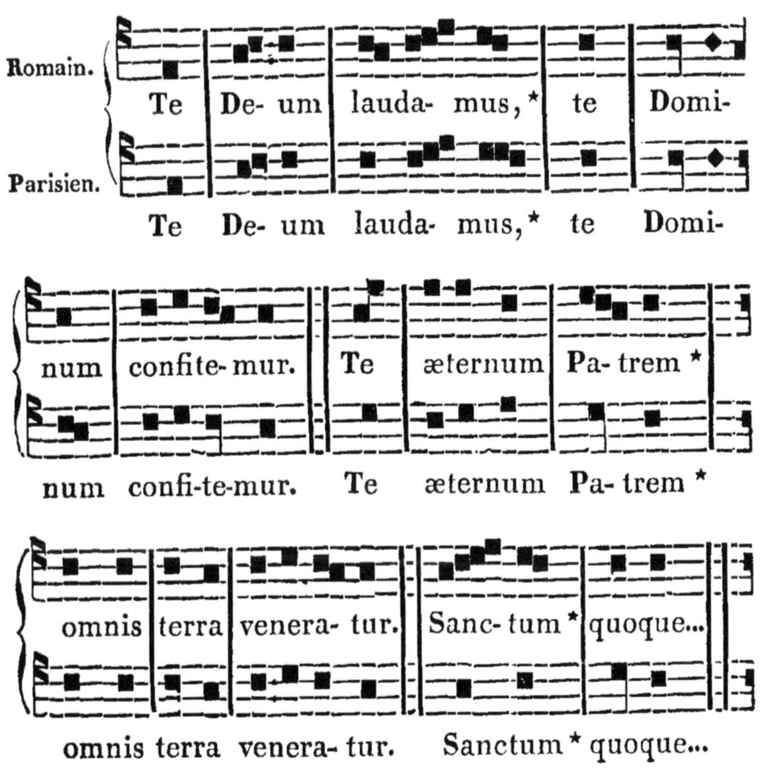

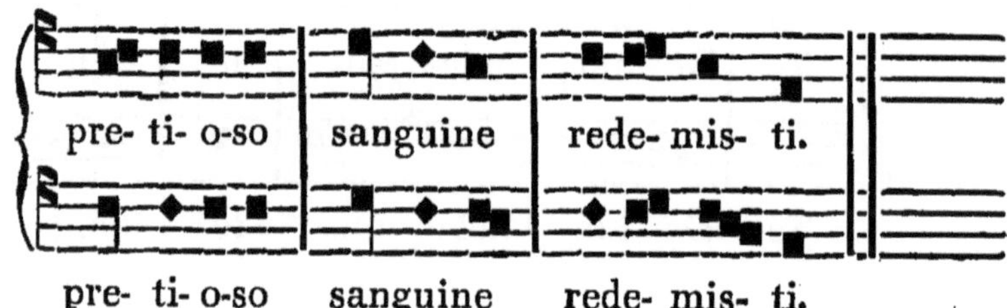

3.° Dans les lamentations de Jérémie.

C'est encore ici que l'on peut juger du dommage d'une note changée ou retranchée, et de l'impression qu'elle peut faire, étant combinée avec le sens des paroles.

Remarquez que le parisien ne chante point les caractères de l'alphabet *aleph, beth,* etc.

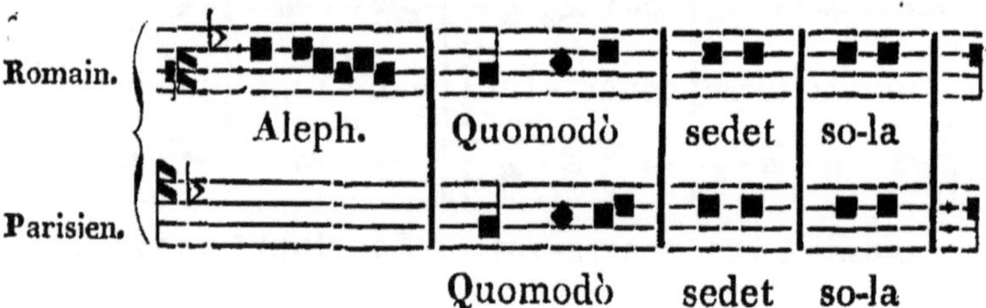

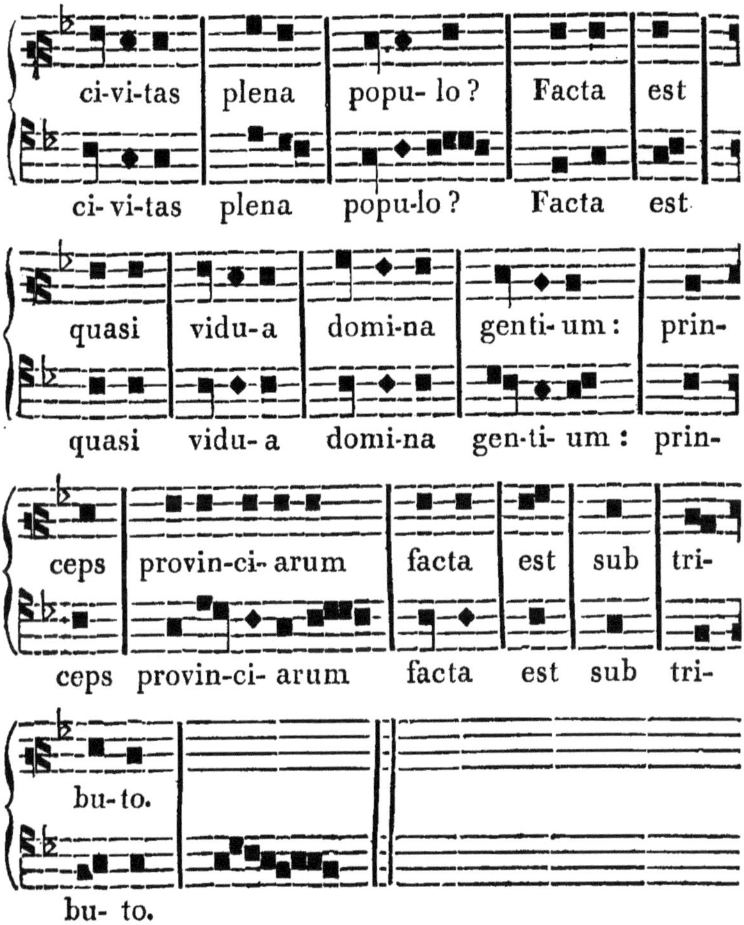

ci-vi-tas plena popu- lo? Facta est
ci-vi-tas plena popu-lo? Facta est
quasi vidu-a domi-na genti-um: prin-
quasi vidu-a domi-na gen-ti-um: prin-
ceps provin-ci-arum facta est sub tri-
ceps provin-ci-arum facta est sub tri-
bu-to.
bu- to.

4.° Le *Kyrie* de *Requiem*.

Qu'il est difficile de modifier un chant déja très-heureux et très-beau par lui-même! Quelle onction dans le romain! quelle sècheresse dans le parisien!

Romain.
Ky- ri- e, e- le- i- son.
Parisien.
Ky-ri- e, e- le- i- son.

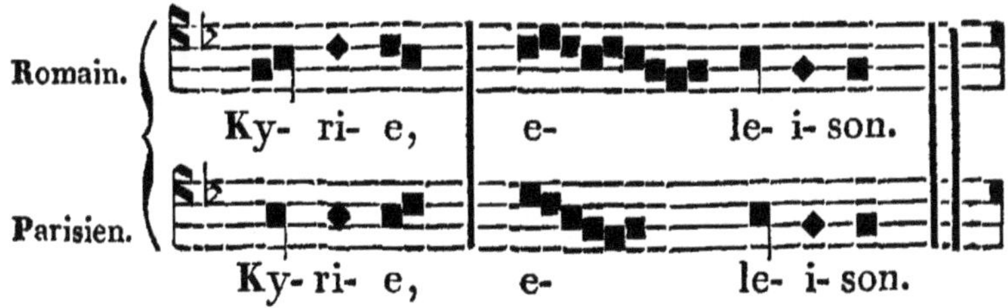

5.° Dans quelques suppressions et remplacemens.

On a retranché de l'Office des Morts notre superbe *Venite, exultemus* et notre beau *Libera,* solennels, pour n'y laisser que les simples, que nous chantons lorsqu'il n'y a qu'un Nocturne. Il serait cependant difficile de trouver des chants plus expressifs, plus appropriés à l'Office des Morts.

Je cherche vainement dans le parisien plusieurs de nos belles Hymnes, telles que *Iste Confessor, Sacris solemniis,* etc., que je note ici pour ceux qui pourraient ne pas les connaître :

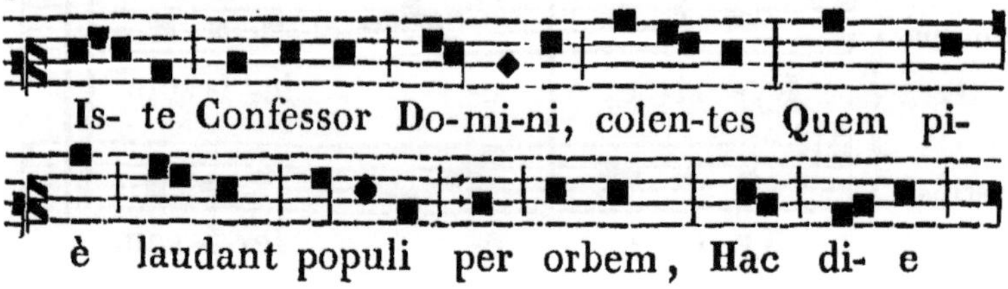

læ- tus meru- it be- a- tas Scan- dere sedes.

Sacris so- lemni- is Juncta sint gau-

di- a, Et ex præ- cor-di- is Sonent præco-

ni- a : Recedant ve-tera, No- va sint omni- a,

Corda, vo- ces et o- pera.

Qu'a-t-on mis à la place? Le voici :

Sa- cris so- lem- ni- is Juncta sint gau-di- a,
O qui perpe- tu- us nos mo-ni- tor doces,

Et ex præ- cordi- is So-nent præco- ni- a :
Vox æ- ter- na Patris, Chris-te, vi-ca- ri- os

Re-cedant ve-tera, No- va sint om-ni- a, Cor-
Doctores, patri- as cùm re-me- as domos, No-

da, vo- ces et o- pe-ra.
bis quàm be- nè sup- pe- tis!

et semblables. En général on peut reprocher au chant mesuré du rit parisien qu'il se rapproche un peu trop du ton et du mouvement des anciennes romances. Témoin *O invidenda martyrum*, — *Hymnis dùm resonat*, — *Christe, fons jugis*, — *Humani generis*, etc.

Enfin l'on a banni du chant parisien le ton férial des Préfaces du romain. Il est cependant bien avantageux d'avoir un chant qui puisse mettre quelque différence entre une férie et une solennité. On devait d'autant moins rejeter ce chant, qu'il n'est certes pas à dédaigner.

Je laisse au lecteur à décider maintenant si les divers changemens que nous venons de passer en revue rendent le chant parisien plus varié, plus onctueux, plus touchant que le chant romain. Quant à moi, je regrette beaucoup qu'en tout ceci l'Eglise de Paris ne chante pas comme l'Eglise romaine. Il n'y a pas jusqu'à cette fin de verset de l'Office des Morts :

qui ne produise un effet plus lugubre que celle du parisien.

TROISIÈME QUESTION.

Qu'est-ce en définitive que le chant parisien ?

RÉPONSE. — Rien autre chose que le chant de l'Eglise romaine adapté aux paroles du rit parisien, avec quelques changemens, qui généralement ne sont pas à l'avantage de la liturgie parisienne.

Ceci prouve en dernier lieu qu'un *choix judicieux et un goût éclairé* ont guidé saint Grégoire dans la composition du chant romain, et que l'on cherchera peut-être encore bien long-temps pour faire, en général, mieux que cet illustre Pontife.

FIN DU SUPPLÉMENT.

ADDITION
EN FAVEUR DES SERPENTISTES.

Le Serpentiste qui possède bien son instrument selon les règles du Chant ecclésiastique doit être regardé comme l'ame d'un chœur bien organisé. Non-seulement le serpent relève le chant en ajoutant à sa majestueuse gravité, mais encore il donne et maintient d'une manière sûre le ton convenable aux diverses voix qu'il conduit. Au contraire un Serpentiste ignorant et maladroit n'est propre qu'à jeter le trouble et la confusion dans le chœur d'ailleurs le mieux composé. Aussi n'est-il rien où l'on doive mettre plus de sévérité et de circonspection que dans le choix d'un Serpentiste.

Voici la marche que doit suivre un jeune élève qui désire de devenir un bon Serpentiste d'*église*.

1.° Il est essentiel qu'il s'applique *exclusivement* à prendre la meilleure *embouchure* qu'il lui soit possible d'avoir. S'il néglige cet avertissement, il se ressentira toute sa vie d'une imperfection contractée dès le principe.

2.° Il doit s'exercer *exclusivement encore* à jouer toutes les gammes qu'on peut faire sur le serpent, et qu'il trouvera dans toutes les méthodes de cet instrument. Il doit demeurer dans cet exercice jusqu'à ce qu'il parcoure toutes ces gammes d'une manière coulante et aisée, qu'il passe sans hésitation et sans gêne d'une gamme dans une autre, des bémols dans les dièses, du majeur dans le mineur.

3.° Mais alors seulement qu'il prenne un livre de plain-chant, qu'il y choisisse quelques morceaux de chacun des huit tons. Qu'il les joue par transposition dans tous les tons possibles, en se figurant tantôt une clef, tantôt une autre. Prenons pour exemple cette Antienne du 1.er ton, *Euge, serve bone,* d'un Confesseur non Pontife; après l'avoir jouée au naturel, qu'il exécute :

Et ainsi du reste, et dans tous les tons.

4.° Lorsqu'il sera parvenu à jouer ainsi par transposition avec beaucoup de facilité, qu'il lise avec une attention toute nouvelle le chapitre de la manière de

(1) La première clef est la clef naturelle du chant; la seconde est celle que le Serpentiste doit se figurer.

conduire le chœur, *page* 70 ; qu'il comprenne bien surtout la *destination* et la *réduction* de la dominante. Qu'il se rappelle que ce chapitre le regarde plus que tout autre, et qu'il est, lui, spécialement chargé de la conduite du chœur.

5.º Enfin qu'il fasse l'application de ce chapitre à son instrument. Donnons un exemple pour rendre cette application plus aisée.

Je suppose que l'on doive prendre pour dominante le *la* du serpent, et que la première Antienne à *réduire* soit du 2.ᵉ ton. Elle a pour dominante *fa*, qui devient un *la* sur le serpent dans notre supposition. En descendant *fa, mi, ré, ut, si, la* de mon Antienne, je trouve un demi-ton du *fa* au *mi* et de l'*ut* au *si*. En descendant sur le serpent *la, sol, fa, mi, ré, ut*, au naturel, je trouve un ton entier du *la* au *sol* et du *mi* au *ré*, qui doivent remplacer *fa*, *mi* et *ut, si* de l'Antienne; tandis qu'il ne se trouve qu'un demi-ton entre le *fa* et le *mi* naturel du serpent, qui néanmoins doivent remplacer *ré, ut*, ton entier de l'Antienne. Je pare à cet inconvénient par quatre dièses que je place sur *fa, ut, sol* et *ré* :

De cette façon *la*, *sol*, *fa*, *mi*, *ré*, *ut* produisent le même effet que :

Seulement on chante deux tons plus haut dans le premier cas.

Voici maintenant les huit tons *réduits* au *la* du serpent, selon la marche indiquée.

Les premier, quatrième, sixième et huitième irrégulier, ayant *la* pour dominante, s'exécutent au naturel, c'est-à-dire tels qu'ils sont écrits :

Réduction de la Dominante des huit Tons au sol *du Serpent.*

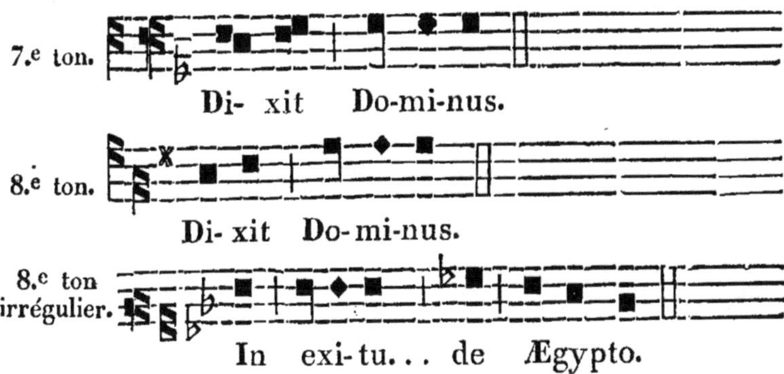

D'après ces exemples il sera très-aisé au jeune Serpentiste de faire cette *réduction* au *fa* ou au *si.*

Terminons ces observations par la *réduction* des Antiennes des Vêpres du Très-Saint-Sacrement, afin de montrer à l'élève comme on se conduit dans les offices du chœur. Nous prendrons le *la* du serpent pour dominante.

Telle est la marche régulière dans la conduite du chœur. Néanmoins le Serpentiste doit se rappeler ici ce qui a été dit au chapitre précité, savoir, que lorsqu'il survient un morceau dont toute l'étendue est au-dessus de la dominante, il faut hausser ce morceau d'un ou de deux tons selon le besoin, surtout si l'on avait pris une dominante un peu trop basse pour le chœur. D'après cela on aurait pu *réduire Pange, lingua* des Vêpres du Très-Saint-Sacrement, de la manière suivante :

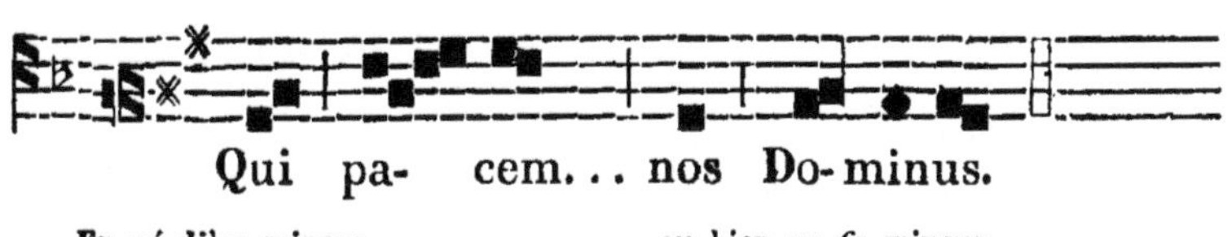

Par la même raison, après *Serve bone,* du 3.ᵉ ou du 7.ᵉ ton, on peut très-bien *réduire* ainsi qu'il suit :

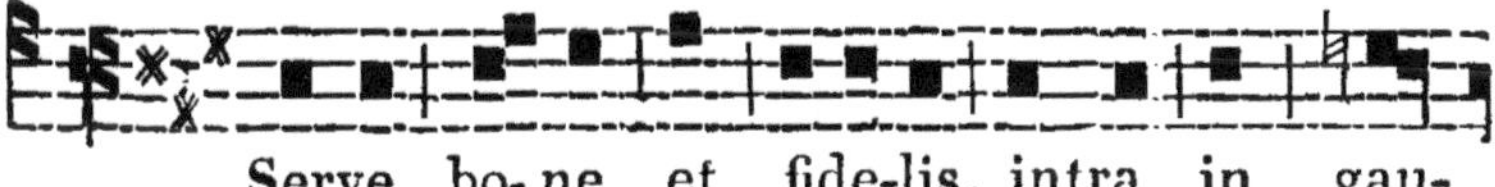

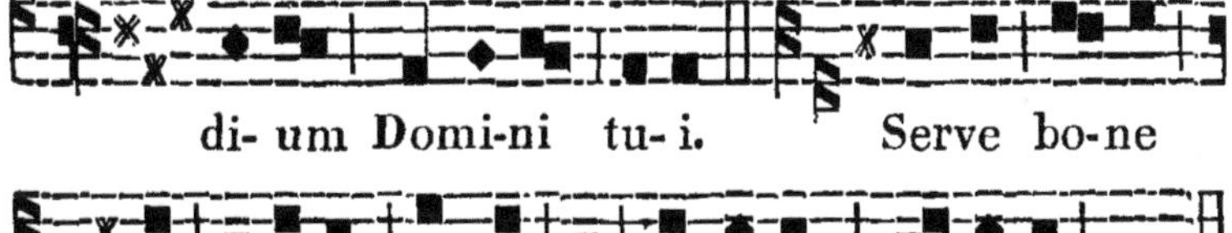

Si l'on avait pris pour dominante le *sol* du serpent, il faudrait réduire :

Que Dieu bénisse ce que j'ai entrepris pour sa gloire !

FIN.

TABLE DES MATIÈRES.

PREMIÈRE PARTIE. — THÉORIE.

SECONDE PARTIE. — PRATIQUE.

SUPPLÉMENT POUR LE CHANT PARISIEN.

FIN DE LA TABLE.

DIJON, IMPRIMERIE DE DOUILLIER.

www.ingramcontent.com/pod-product-compliance
Ingram Content Group UK Ltd.
Pitfield, Milton Keynes, MK11 3LW, UK
UKHW020252180726
13839UKWH00001B/300

9 782329 491899